DA FORMA URBANA: O CASARIO DE ATENAS

JONAS TADEU SILVA MALACO

DA FORMA URBANA
O CASARIO DE ATENAS

Alice Foz

Alice Foz
Rua Voluntários da Pátria, 31/501
22270-000 Rio de Janeiro / Rio de Janeiro BR
Travessa da Vitória, 15/ 2
4900-567 Viana do Castelo PT
alicefoz@gmail.com

ISBN 978-85-902741-1-7

Reimpressão 2020

Da forma urbana: o casario de Atenas

Blocos de habitações, neles os edifícios individuais; permeando os blocos, as ruas — tudo isto com formas bastante variadas e complexas: eis o casario de Atenas no século V a.C. E já de início ele se faz notar pela ausência de traços simples ou regulares no seu desenho. Nenhuma casa tem o mesmo desenho que outra e também nenhuma rua é igual à outra. Nas ruas, como em cada uma das casas, disposição formal alguma parece ter sido dada como regra. O desenho das casas e o traçado das ruas define-se antes de tudo pela irregularidade, sugerindo talvez desordem, ou ainda irracionalidade.

É mesmo difícil entender como tal complexidade teria sido produzida. Se imaginarmos que tudo se deu como se deu pela ausência de um plano prévio que orientasse as realizações posteriores, não estaríamos certamente nos distanciando da verdade. Parece impossível ver onde no desenho do casario de Atenas no século V a.C. poderíamos encontrar fundamento para afirmar que ali existiria algum plano, algo previamente concebido e que funcionasse como elemento formador para o que se lhe seguisse no decurso do tempo. Nenhum indício de algo semelhante parece poder ser encontrado. No que diz respeito ao seu casario, poderíamos então afirmar que Atenas teria sido construída sem plano ou projeto, e que daí resultaria sua irregularidade? Se entendermos por plano algo como um desenho anterior, uma concepção prévia que se imponha à toda realização efetiva, sua ausência parece ser mesmo um fato no caso do casario de Atenas. Nada evidencia ou sequer prenuncia o contrário. E na inexistência de um plano como poderíamos esperar lá encontrar qualquer regularidade?

Ao desenho do casario de Atenas associamos com facilidade o fato de ser resultado de algo como um desenvolvimento natural ou espontâneo. Parece não haver mesmo como se opor a quem afirme que tudo se tenha dado mais ou menos ao acaso, sem que uma vontade mais decidida de ordem tenha-se feito presente. É fácil imaginarmos algo como um desenvolvimento gradual, onde cada elemento iria sendo agregado ao sabor da vontade e caprichos individuais, dos desejos e aspirações de cada um, da tendência ao acomodamento ou ambição de indivíduos múltiplos, distintos e não-coordenados.[1]

Cada qual teria feito como quisesse e pudesse. Teria construído seu próprio espaço tal como desejasse, limitando seu desejo só quando encontrasse oposição pela presença dos outros. A isto, talvez, pudéssemos mesmo chamar de "natural" ou de "orgânico", usando ambos os termos em oposição à "artificial", e entendendo-se "artificial" no sentido de uma normatividade exterior à vontade natural de cada um. É certamente razoável pensar que assim tenha ocorrido no caso do casario de Atenas.

Como resultado desse desenvolvimento "natural", o desenho apresentar-se-ia como um conjunto irregular e irracional. Cada um pensando o que era seu, pensando exclusivamente o que lhe pertencia e dizia respeito, teria

---

[1] *"The houses in which the growing population lived were mostly huddled together in irregular groups, between which the narrow streets insinuated themselves. The main streets, leading in from the gates and forming a continuation of the roads outside, converged erratically upon the agora. In so far as the plan of the city had any recognizable structure, this was provided by the agora and the streets radiating from it; but the radial form would not be very strongly marked.(...) On this loose framework the rest of the city arranged itself informally; there was little deliberate or farsighted planning..."* (WYCHERLEY, R.E. *How the greeks built cities*. London/Basingstoke: Macmillan, 1973, p.9). Para uma apreciação geral do desenvolvimento da planta de Atenas: TRAVLOS, Jean, *Athènes au fil du temps*, Paris, Editions Joel Cuenot, 1972.

deixado de se preocupar com o que dizia respeito aos outros. Cada um não teria pensado o que era de outro. Não pensaria também a sua relação com esse outro senão como confronto, vendo só a possibilidade de realização de seus interesses. A relação de cada um com os demais seria a de mera oposição. Assim, as relações do que era de um com o que era dos outros teriam sido deixadas ao sabor dos resultados desses confrontos — acidentais, não-pensados. O todo teria ficado em desordem.

Individualismo e desgoverno

A casa, assim normalmente entendemos, representa sempre o esforço de cada um em ter seus bens materiais conforme o ordenamento que lhe seja o mais propriamente conveniente. No interior dela, os bens estariam ordenados conforme as condições de seu melhor aproveitamento. Ordenar-se-ia o espaço privado segundo os princípios de funcionalidade ditados por quem dele tivesse a posse. Lá tudo estaria disponível para uso e desfrute do titular dessa posse, quer suas necessidades fossem mais prosaicamente utilitárias, ou dadas segundo a sofisticação e complexidade de um certo modo de pensar e comportar-se: os cômodos estariam arranjados de acordo com as específicas relações familiares de que se tratasse, os equipamentos dispostos conforme os diferentes usos que lhes tivessem sido designados, o mobiliário e a decoração igualmente ajustados à diferenciação dos usos e de suas específicas formas. O conjunto dos bens reunidos na casa encontraria sua significação nessa disponibilidade para um conjunto determinado de fins particulares, no fato pois de se constituírem em objetos apropriados a determinados usos. Assim adquiririam seu específico ordenamento e significação.[2]

Mas em Atenas do século V a.C., a clareza das significações que podemos entender existentes no interior de cada uma das casas parece perder-se sempre que transpomos os limites que definem os domínios privados. Para além da privacidade parece que encontramos somente o resultado fortuito de encontros não-pensados. É difícil entender como pensados já os contornos irregulares das casas. Eles parecem mostrar mais um sucessivo e indisciplinado aproximar-se e opor-se de umas às outras, tomando cada um o que podia tomar, estendendo-se a posse privada até onde pudesse ser mantida. E, assim como com as linhas de separação dos domínios particulares, parecem também não terem sido pensadas as ruas, que poderiam ser vistas só como uma espécie de espaço sobrante entre as habitações, por ninguém apropriado e ordenado.

Mais além dos limites do próprio casario, abrem-se os espaços públicos maiores. Estes parecem ter sido concebidos em termos de sua funcionalidade e também de seu valor simbólico. São claramente definidos em sua importância; suas formas e

---

[2] *"... des gens qui possèdent une foule d'utensiles de toutes sortes, mais qui ne peuvent s'en servir au besoin, et qui ne savent pas s'ils les ont encore en bon état; voilà comment ils ne cessent de se tracasser eux-mêmes; ils ne cessent de tracasser leurs serviteurs; en revanche d'autres qui n'en possèdent pas un de plus et même moins ont tout de suit sous la main ce dont ils doivent se servir? La raison n'en est-elle pas, Socrate, que chez les uns tout se trouve jeté n'importe où, et que chez les autres chaque chose se trouve rangée à sa place? Oui par Zeus, dit Socrate, et même ce n'est pas à n'importe quelle place mais à l'endroit convenable que chaque chose se trouve arrangée. Ce que tu m'explique là, dit Critobule, m'a encore tout l'air d'appartenir à l'économie domestique"* (XENOFONTE. *Econômico* III 2-3. Trad. de Pierre Chantraine. Paris: "Les Belles Lettres", 1971). *"Enfin ..., la règle lacédémonienne: 'chaque instrument doit être à sa place', — ainsi l'aura-t-on toujours sous la main sans le chercher"* (ARISTÓTELES. *Economia* VI 8. Trad. de André Wartelle. Paris: "Les Belles Lettres", 1968). Os estudos sobre a casa grega em geral e a ateniense, em particular, participam desta maneira de entender. Ver bibliografia na nota 14.

volumes são precisamente recortados, cuidadosamente proporcionados e mesmo que nos conjuntos de edificações públicas não encontremos ordenamentos simples, geométricos e simétricos, eles se apresentam como claras composições de elementos bem definidos, perfeitamente distinguíveis e destacáveis uns dos outros e do conjunto da cidade.

Os espaços privados em sua interioridade teriam sido pensados. Os específicos espaços públicos também teriam sido pensados. Os espaços públicos e os privados, uns e outros, teriam sido pensados em sua particularidade. Mas não teria sido pensado o conjunto. Não teria sido já pensada a somatória dos espaços privados no casario, pois sem regra seria o modo de aproximação e de convivência de suas casas que, coladas umas às outras, não teriam encontrado outro modo para tê-lo feito senão pela mera oposição sem pensamento. E também não teria sido pensada a relação do casario com os diferentes espaços públicos que, destacados do privado, parecem, sim, ter sabido como se distinguir e ordenar, mas sem que o tenham feito de um outro modo que não o de uma mera contraposição à desordem e irracionalidade da disposição do privado; desordem e irracionalidade do casario que, por essa contraposição mesma, seria reafirmada.[3]

---

[3] *"A composição por simetria, o uso das leis geométricas e dos sistemas de coordenação ótica se prendem unicamente ao edifício, e os gregos restringiram energicamente o uso da composição arquitetônica, assim compreendida, a estes limites, evitando aplicar os mesmos métodos em escala mais extensa. Desta deliberada limitação deriva o conceito de "edifício" que é próprio da tradição clássica européia, isto é, o hábito de fazer destacar, da continuidade do ambiente urbano, uma porção definida, submetendo-a a uma disciplina unitária e reconhecivel.(...) O desenho regular de alguns elementos urbanos permanece um fato substancialmente empírico e é contradito pela irregularidade de muitos outros elementos, de modo a garantir sempre, aos edifícios mais importantes, um destaque individual decisivo. Esta distinção está enraizada no íntimo da mentalidade grega. O controle racional das experiências nunca é levado além de um certo ponto, porque intervém sempre um acentuado senso de proporção — ou de consciência da unilateralidade deste processo — que*

Mas assim, observe-se, mesmo que o casario de Atenas não tenha sido objeto de um plano de conjunto concebido previamente à sua constituição física, mesmo que a relação entre os diferentes espaços privados não tenha sido pensada, mesmo assim, não podemos simplesmente dizer que lá existiria ausência de todo pensamento. Muitos teriam pensado o que era seu, não teriam deixado de fazê-lo. Teríamos desordem e irracionalidade no conjunto. Porém talvez a tivéssemos exatamente porque cada um não teria abdicado de pensar o que lhe pertencia. Cada um teria, sim, pensado; pensado naquilo que era seu. Todos teriam pensado, sendo, pois, significativa a somatória de pensamentos que lá encontraríamos. O problema talvez estivesse mesmo mais em seu excesso do que em sua falta. Assim, a ausência de plano não pode ser simplesmente confundida com mera falta de pensamento. Podemos perfeitamente entender como nas formas

---

impede de estendê-lo numa certa escala onde resultaria forçado.(...) Os gregos evitam, em essência, dar tratamento a um grande espaço ou um número demasiadamente grande de elementos em favor de um organismo fechado, contraposto ao ambiente circundante, preferindo considerar a acrópole ou o precinto como uma seção da paisagem infinita, onde os edifícios são livremente colocados, considerando todas as preexistências de ordem natural e artificial. Por isso, os empreendimentos arquitetônicos gregos não só não excluem, como até mesmo solicitam o espetáculo da natureza e do cenário urbano circundante. Os construtores da Acrópole de Atenas ou do precinto de Olímpia não se esforçam para estender as características dos edifícios ao ambiente circundante, mas por acolher as sugestões ambientais nos mesmos edifícios, colocando-as em harmonia com toda a paisagem, resolvendo cada conjunto parcial no conjunto geral, paisagístico. Ao fazer este inserimento explica-se toda a extraordinária riqueza da sensibilidade grega, mas o processo permanece necessariamente de forma empírica e intuitiva, irredutível a regras racionais. Assim, a eventual rigidez da composição interna dos edifícios encontra-se suavizada com a liberdade das relações externas, e os fatores racionais compensam-se com os fatores irracionais à maneira típica dos gregos: o irracional é sentido como limite externo, sempre presente na periferia dos fatos racionais.(...) Este delicado equilíbrio entre intelectualismo e empirismo, entre planejamento e espontaneidade é, entre os caracteres da arquitetura grega, o mais precário, e parece de qualquer maneira, inseparável do clima político e social da polis democrática." (BENEVOLO, Leonardo. *Introdução à arquitetura*. Trad. de Daniela Santacatarine. São Paulo: Mestre Jou, 1972, p.24-28)

irregulares que nos mostra o casario de Atenas Clássica houve, sim, pensamento e consideração racional de meios e fins na concepção e realização das edificações individuais. Haveria ali uma multidão deles.

Disso, no entanto, resultaria um conjunto anárquico. Tendo as partes sido pensadas, o mesmo não teria acontecido com o conjunto. Sobre o todo não haveria pensamento e governo: por isso seria desordenado, desgovernado. E governo, entender-se-ia, para que houvesse, deveríamos ter os pensamentos e vontades particulares submetendo-se a uma ordem; talvez a da autoridade de um monarca absoluto como quer, por exemplo, Hobbes; talvez a da "vontade geral", como quer por exemplo Rousseau. Considerar-se-iam ainda as formas todas de autoridade política que têm sido experimentadas ao longo da história. De todas elas, a mais simples talvez, a de Hobbes, parece exigir meramente que toda vontade e pensamento particulares se anulem, eliminando-se, assim, o excesso de que talvez padecesse Atenas. Não se haveria de ter, segundo ele, uma multidão de pensamentos, todos juntos. Todos deveriam anular seu próprio querer sob as determinações da vontade monárquica soberana.[4]

Mas como quer que possamos vir a pensar o problema, parece que, mesmo já para começar a pensá-lo, seja interessante lembrar que só por se considerar que não tenha havido um plano no desenho do casario de Atenas no Período Clássico, que só pela ausência de um plano, possamos também entender que lá não tenha havido pensamento e racionalidade. Talvez o que tenha ocorrido seja mesmo mais um excesso do que uma falta: seriam pessoas demais a pensar, haveria pensamentos

---

[4] Com Rousseau talvez não fosse tão diferente, pois uma mesma obediência completa deveria ocorrer, só que em relação, não às determinações de um monarca absoluto, mas àquelas de uma assembléia expressando o interesse geral.

demais. Dir-se-ia, talvez, muito teria sido pensado, mas cada pensamento ter-se-ia voltado só para interesses particulares; nenhum dos muitos pensamentos ter-se-ia voltado para o interesse geral, para o conjunto.

Projetos contrapostos

Ainda de início, talvez coubesse considerar uma variante conjectural e indagar se a aparente desordem existente no casario de Atenas não resultaria de uma outra carência que não aquela de não se ter pensado o conjunto. Podemos imaginar que o conjunto teria sido, sim, pensado, e até por muitos; porém, mesmo assim, haveria desordem, pois, para que a desordem fosse suprimida, não bastaria que o conjunto fosse pensado, e que muitos o pensassem; seria preciso também que o fosse de uma mesma maneira por todos. Podemos imaginar que muitos teriam pensado, e pensado não só o particular, mas também o todo; só que não teriam alcançado concordância em seu modo de fazê-lo. A desordem, assim, seria resultado, não da ausência de um pensamento que buscasse abarcar a totalidade, mas da existência de muitos pensamentos desse tipo, só que descoordenados. E haveria mais uma vez uma espécie de excesso e não falta. As formas seriam desordenadas porque muitos pensamentos buscando governar a cidade, e pensando-a em seu todo, não teriam encontrado o seu acordo. Do confronto entre pensamentos opostos e conflitantes resultaria o desgoverno.

Esta possível maneira de entender talvez até se adapte melhor ao pensamento de um Hobbes que, concebendo os homens como entidades egoísticas que não visam senão seu próprio interesse, entende também que para isso eles se julgam no direito de dispor para si de todas as coisas, inclusive dos outros homens. Cada um, visando seu interesse particular, preocupar-se-ia, não só com um certo número limitado de bens que fossem definidos como os seus, mas entenderia que tudo mais, e mesmo todos os demais, poderiam ser envolvidos no conjunto das coisas que poderiam estar a seu serviço. Todos pretenderiam dispor do conjunto todo dos bens como objetos a serviço de seu próprio interesse. Todo homem, na verdade, teria, não uma pretensão de posse exclusiva de um número limitado de bens, mas ainda mais, ao menos para si, o projeto de todo um mundo organizado conforme sua própria vontade. Não seria de isolamento o projeto de cada qual, e sim o de ter a tudo e a todos como coisas suas. Para a realização de sua vontade, cada um entenderia que tudo mais precisaria dispor-se numa certa ordem, a sua.

É fácil imaginarmos como isto poderia ter acontecido para as formas do casario de Atenas Clássica terem sido como foram[5]. Conforme as posses, recursos e poderes de cada qual, as pretensões de dispor sobre a vida e meios de vida dos demais teriam maior ou menor condição de sucesso; mas sempre seriam o sonho de todos, para o que sempre estariam diligentemente cuidando dos meios necessários. Se maiores os recursos, maiores as pretensões; ilimitados sempre os sonhos, envolvendo mesmo toda a cidade. Assim, o pensamento de um acabaria por ser

---

[5] Podemos conjecturar que alguém, tendo acolá sua casa, pretendesse que para lá se dirigisse um caminho ao modo de sua própria conveniência, atravessando talvez posse de alguém mais que por isso, entenderia o primeiro, deveria ser talvez restringida. Faria, se pudesse, com que seu vizinho recuasse em um certo tanto os limites da porção de território que fosse a sua; ou que a visse cortada ao meio, para que seu locomover-se, ou fosse mais livre, ou mais cômodo, ou mais rápido e desimpedido. Imaginaria, talvez, que alguns de seus vizinhos próximos bem que poderiam mudar-se, e procuraria, ou obrigá-los diretamente a isso, ou dificultar com seus ardis as suas vidas no lugar onde até então a viviam. Perturbá-los-ia em suas existências cotidianas, infernizá-los-ia com todo tipo de impertinência; ou então, por meios indiretos e astutos, procuraria despertar sua atenção sobre as conveniências de uma outra localização para onde poderiam mudar-se; enalteceria talvez vantagens aparentes e falsas dessa outra localidade, exageraria possíveis inconvenientes da situação presente. E talvez mesmo, pudesse achar, com maior ou menor má fé, que isso seria uma vantagem para aqueles que ao deslocamento desejasse forçar.

contestado pelo pensamento de outro; o fazer de um, desfeito pelo de outro. Nenhuma vontade se afirmaria na medida em que com ela concorreriam todas as outras que, como ela mesma, pretenderiam a sua afirmação exclusiva. Daí resultaria a desordem política e a irregularidade do desenho.[6]

E portanto, se assim acaso foi, não teria havido em Atenas Clássica também falta de pensamento no que se referisse ao conjunto; ao contrário, haveria mais uma vez excesso. E conseqüentemente a solução pediria, também mais uma vez, pela eliminação desse excesso; conforme Hobbes, pela subordinação de todo querer à vontade do soberano absoluto. À vontade soberana caberia conter toda espontaneidade individual definindo o modo de ser coletivo ao qual cada elemento deveria ajustar-se.

Funcionalidade a seu tempo

A irregularidade do traçado do casario de Atenas pode ter sido resultado da ausência de uma concepção de conjunto única, na qual as diferentes vontades estivessem coordenadas. Sem um desenho de conjunto, afirmando sua univocidade perante todos, é difícil imaginarmos outro traçado a não ser um que fosse marcado pela irregularidade. A irregularidade e a complexidade

---

[6] *"... je m'avisai de considérer que souvent il n'y a pas tant de perfection dans les ouvrages composés de plusieurs pièces, et faits de la main de divers maîtres, qu'en ceux auxquels un seul a travaillé. Ainsi voit-on que les bâtiments qu'un seul architecte a entrepis et achevés, ont coutume d'être plus beaux et mieux ordonnés, que ceux que plusieurs ont tâche de raccommoder, en faisant servir de vieilles murailles qui avaient été bâties à d'autres fins. Ainsi ces anciennes cités, qui, n'ayant été au commencement que des bourgades, sont devenues, par succession de temps, de grande villes, sont ordinairement si mal compassées, aux prix de ces places régulières qu'un ingénieur trace à sa fantaisie dans une plaine, qu'encore que, considérant leurs édifices chacun à part, on y trouve souvent autant ou plus d'art qu'en ceux des autres; toutefois, à voir comme ils sont arrangés, ici un grand, là un petit, et comme ils rendent les rues courbées et inégales, on dirait que c'est plutôt la fortune, que la*

do desenho, podemos entender, estaria dizendo que ele não teria sido resultado de um plano de conjunto concebido previamente. Não vejo mesmo como possamos pensar aquele desenho como resultado de um plano que pudesse prever aquela complexidade toda.[7]

Mas a irregularidade do casario de Atenas Clássica, é preciso que também se advirta, assim como não precisa significar necessariamente ausência de todo pensamento, não precisa ainda significar ausência de funcionalidade. Observem-se as ruas, por exemplo. É verdade que em seus percursos há sempre uma inflexão de traçado, mesmo várias. Também é verdade que uma mudança de direção, um direcionamento alternativo, ou ainda um estreitamento inesperado, sempre turvam a clareza das direções. Porém, mesmo assim, mesmo em sua irregularidade toda, não tendo em absoluto um traçado simples, retilíneo e homogêneo, apresentando suas larguras sempre variáveis e inúmeros acidentes; mesmo com tudo isso, elas apresentam um lineamento que é basicamente contínuo, os acidentes não parecendo constituir qualquer ponto de estrangulamento maior para a circulação das pessoas ou de seus bens. Talvez tivessem ainda dimensões suficientes para as demandas então impostas, correspondendo às necessidades do tráfego de pessoas e de veículos.

---

volonté de quelques hommes usant de raison, qui les a ainsi disposés. Et si on considère qu'il y a eu néanmoins de tout temps quelques officiers, qui ont eu charge de prende garde aux bâtiments des particuliers, pour les faire servir à l'ornement du public, on connaître bien qu'il est malaisé, en ne travaillant que sur les ouvrages d'autrui, de faire des choses fort accomplies. " (DESCARTES, René. *Discours de la méthode*. Paris: Librarie J. Vrin, 1970, p.59-60)

[7] Em um único setor do desenho conhecido, ao sul da Ágora, vemos alguma regularidade, mas mesmo assim as formas só se aproximam da ortogonalidade. Pela sua excepcionalidade, não estariam lá como que só para afirmar a regra de que regra nenhuma haveria, nem sequer a de que toda e qualquer regularidade estaria excluída?

E mais: ruas mais longas, vindo das entradas direcionam-se ao centro; outras se dispõem de modo anelar, relacionando diferentes setores da cidade. Pelas ruas mais longas, caminha-se em direção à região central com certa facilidade. As ruas parecem mesmo não deixar de ser bons percursos. Cobrem certas distâncias conforme um traçado que talvez seja o mais adequado do ponto de vista da declividade do solo. E o aproveitamento das condições topográficas parece ter sido feito, não só com a habilidade de reduzir esforços, mas de modo também a servir como meio de orientação. Seguir conforme a redução de altitudes (segundo um desnível que é suave e fácil de ser cumprido, assim como suficientemente bem marcado para que não haja engano possível) é seguir em direção às regiões centrais. A diferença de altitudes não se apresenta como obstaculização, pois são pequenos os desníveis; e mais, serve de sinal, de elemento de orientação. A declividade mesmo funciona como orientação. Sendo como é, basta descer para se aproximar do centro, e, ao contrário, subir para caminhar no sentido da região mais periférica. O centro é assim bem marcado, seu acesso facilitado.

Também é de se observar que o conjunto se reparte em blocos de dimensões relativamente reduzidas, tendo pois uma tecitura em que os tramos são curtos, sendo sempre possíveis percursos que não demandam maiores desvios entre seus pontos extremos: para ir de um lugar a outro nunca nos deparamos com um bloco demasiadamente grande que exija ser contornado. Uma malha assim definida funciona ainda como meio de aeração, como uma rede abastecedora de ar e luz.

E mais ainda, as vias internas ao casario, parece, não desempenhavam um papel maior na circulação geral. A Via das Panathenaia, indo da principal porta comercial e cerimonial da cidade até seu centro e estendendo-se por uma larga faixa não edificada, bem poderia concentrar o grosso da circulação. Sendo um percurso separado dos demais, preservar-se-iam talvez os outros das possíveis inconveniências de um tráfego mais intenso.

Bem dispostas talvez estivessem tanto as casas como as ruas. As casas organizar-se-iam internamente conforme as necessidades próprias de seus proprietários. As ruas seguiriam seus percursos segundo os modos e meios adequados para que os cidadãos delas se servissem para bem relacionarem suas vidas. O traçado nisso tudo pode, talvez, ser considerado como funcional a seu tempo, atendendo às necessidades específicas de um determinado modo de ser e comportar-se. Aquele aparente desordenamento poderia até representar um modo mais adequado, mais preciso e também, sim, mais complexo de dar melhores respostas às específicas necessidades e condições presentes: talvez antes complexidade do que desordem. A complexidade não precisa ser considerada como necessariamente inconveniente, se a ela corresponder um maior grau de eficiência.

Mas como alguma funcionalidade poderia ter-se estabelecido no desgoverno?

Experiências somadas

Podemos imaginar, mesmo segundo a hipótese de que todos visariam antes de tudo seu próprio interesse, que cada qual deva ter procurado sempre os melhores lugares para se estabelecer e também tentado definir os mais interessantes percursos para suas próprias finalidades; mas não só, podemos pensar que na fixação de seus lugares e na definição de seus percursos, teriam — é o que importa aqui salientar — respeitado os bens dos demais: a casa de seus vizinhos, suas posses e ainda os caminhos de que fizessem uso. Procurar-se-ia sempre o menor e melhor percurso para uma certa finalidade pessoal, porém não seria por isso que se deixaria de desviar aqui e ali, contornando-se o que se constituísse em posse de um outro, o que alguém houvesse construído e estivesse em seu uso. Ora uma casa, ora um depósito ou estábulo, exigiriam que se desviasse para este ou aquele lado.

De muitos modos podemos imaginar como um conjunto de pessoas poderia ter traçado os caminhos pelos quais efetivariam sua coexistência, considerando que a obra de um não poderia sobrepor-se à dos demais.

Talvez o que se respeitasse antes de tudo fosse o próprio caminho. Uma vez construído, definir-se-ia uma zona de interdição a toda e qualquer edificação futura. Em Atenas em particular, a maior parte dos principais já existia bem anteriormente ao Período Clássico. A cidade ao se desenvolver fez uso de caminhos preexistentes. Desde sempre talvez se tenha respeitado o trabalho anterior corporificado na obra coletiva. As marcas das pisadas de um sobrepor-se-iam às de outro; um mesmo percurso seria comum a muitos, a vários serviria e, já em sua definição primeira e mais simples, constituir-se-ia em obra cujo serviço transcenderia as necessidades de um único indivíduo. Aqueles que chegassem depois seriam levados a respeitar o que teria afirmado sua utilidade para uma pluralidade de outros que antes deles ali estavam.[8]

---

[8] Mesmo Le Corbusier considera esse tipo de respeito: *"L'homme marche droit parce qu'il a un but; il sait où il va. Il a décidé d'aller quelque part et il y marche droit. L'âne zigzague, muse un peu, cervelle brûlée et distrait, zigzague pour éviter les gros cailloux, pour esquiver la pente, pour rechercher l'ombre; il s'en donne le moins possible. L'homme régit son sentiment par la raison; il réfrène ses sentiments et ses instincts en faveur du but qu'il a. Il commande à sa bête par son intelligence. Son intelligence bâtit des règles qui sont l'effet de l'expérience. L'expérience naît du labeur; l'homme travaille pour ne pas périr. Pour produire, il faut une ligne de conduite; il faut obéir aux règles de l'expérience. Il faut penser en avant, au résultat. L'âne ne pense à rien du tout, qu'à ne pas s'en faire. L'âne a tracé toutes les villes du continent, Paris aussi, malheureusement. Dans les terres que les populations envahissaient peu à peu, le charroi passait cahin-caha au gré des bosses et des creux, des cailloux ou de la tourbe; un ruisseau était un grand obstacle. Ainsi sont nés les chemins et les routes. A la croisée des routes, au bord de l'eau, on a construit les premières huttes, les premières maisons, les premières bourges; les maisons se sont rangées au long des routes, au long du chemin des ânes. On a mis autour un mur fortifié, et un hôtel de ville à l'interieur. On a légiféré, travaillé, vécu et on a respecté le chemin des ânes. Cinq siècles plus tard, on a construit une seconde enceint plus grande et cinq siècles après une troisième plus grande encore. Par où entrait le chemin des ânes, on a fait les portes de la ville et mis les employés d'octroi. Le bourg est une grande capitale. Paris, Rome, Stamboul, sont bâtis sur le chamin des ânes."* (LE CORBUSIER. *Urbanisme*. Paris: Les Éditions G. Crès & Cie, s.d., p. 5-7)

Cada uma das casas e demais obras individuais também poderiam ter sido preservadas, simplesmente por se tratar de posse de um outro cuja pessoa, entender-se-ia, mereceria respeito. Por que se precisaria ver sempre na obra dos demais algo de totalmente estranho e contrário aos interesses próprios? Alguém ao agregar conforto ao seu modo de viver, também pode estar contribuindo para a ocupação de um mesmo território, sua conservação e defesa. A ninguém seria possível viver exclusivamente de seu próprio trabalho e recursos. Aos homens seria impossível a vida solitária, dependendo sempre cada um do recurso aos demais. Essa dependência seria igual para todos. Associar-se-iam por isso. E como poderia sua associação constituir-se e manter-se se nela cada um não tivesse a si e a tudo o que é seu respeitado? O respeito aos demais, seus iguais na condição de dependência, e também o cuidado com aquilo que fosse deles, seriam as condições primeiras da existência das sociedades, e condições evidentes a todos e cada um dos nelas associados[9]. A razão por si só ensinaria "a todos que tão-só a consultassem", como pensa um Locke, que ninguém deveria

---

[9] *"O mesmo incentivo natural levou os homens ao conhecimento de que não lhes incumbe menos amar ao próximo do que a si mesmos; por verem que tudo quanto é igual deve ter necessariamente a mesma medida; se só posso desejar receber o bem, mesmo tanto das mãos de qualquer um quanto qualquer pessoa possa desejar de todo coração, como poderia eu esperar ver qualquer parte do meu interesse satisfeita a menos que tenha eu próprio o cuidado de satisfazer desejo igual de outrem, que sem dúvida nele existe, eis que é também de natureza idêntica à que tenho? Oferecer-lhe algo que lhe repugne ao desejo deve necessariamente afligi-lo em todos os sentidos tanto quanto a mim; de sorte que, se pratico o mal, devo esperar por sofrimento, não havendo motivo algum para que terceiros revelem por mim maior amor do que eu mesmo lhes testemunhe; portanto, o meu desejo de ser amado pelos meus iguais em natureza tanto quanto seja possível, impõe-me o dever natural de mostrar para com eles afeição igual; dessa relação de igualdade entre nós mesmos e terceiros que são como nós, nenhum homem ignora as várias regras e princípios estabelecidos pela razão natural para a direção da vida."* (HOOKER, Richard. *Política eclesiática*, Liv. I. Citado por LOCKE, John, *Segundo tratado sobre o governo*, Cap. II, trad. de E. Jacy Monteiro, São Paulo, Ibrasa, 1963, p.6)

prejudicar a outrem "na vida, na saúde, na liberdade ou nas posses". Esta seria a primeira obrigação de cada qual.

Aquilo que pertencesse a um outro, o que fosse fruto de seu trabalho, a parcela do solo que assim definisse como sua, poderia agregar-se ao que, da mesma maneira, diria respeito aos demais. A sociedade constituir-se-ia por laços de solidariedade e interesse. Os homens seriam co-partícipes de associações por eles mesmos criadas e sustentadas visando o bem comum e também o de cada um dos associados. Contrariamente ao modo de pensar de um Hobbes, haveria pois, a possibilidade de que os homens não teriam aos demais tão-só como concorrentes e inimigos, mas também como parceiros em uma empresa comum. E talvez, assim, possamos imaginar que o desenho do casario de Atenas tenha-se constituído por meio de comportamentos também socialmente positivos, ou seja, por meio de modos de comportar-se em que cada qual teria aos outros como associados e parceiros em um mesmo empreendimento coletivo; sem que se excluísse a concorrência de interesses e o confronto, mas sem que tal fosse, ao menos, a única maneira de se conjecturar sobre como as coisas poderiam ter acontecido.

Fato é que a irregularidade do casario de Atenas Clássica não precisa necessariamente significar ausência de funcionalidade. As ruas, apesar de sua irregularidade, têm lá o seu lineamento que é basicamente contínuo, sendo de dimensões que parecem suficientes para as demandas da época. Algumas são mais longas e definem percursos de acesso mais direto ao centro, outras, anelares, parecem complementares às radiais na composição de um sistema de circulação que bem alimentaria a cidade. Respeitam-se as declividades naturais do solo, fazendo-se bom uso delas. A tecitura do conjunto parece ser de uma medida adequada à facilitação da circulação. Parece ter existido mesmo uma separação entre diferentes tipos de tráfego.

Assim, a complexidade daquele desenho não precisa ser considerada necessariamente como desordem. E para a apreciação da ordem que talvez lá possamos encontrar, parece necessário ter em mente que não só em guerra viveriam os homens, como quer Hobbes. Tal como o desenho do casario de Atenas no Período Clássico nos é dado, cada qual bem que poderia ter aos demais não só como concorrentes e adversários, mas também como associados. A funcionalidade relativa que, parece, podemos encontrar, seria assim resultado de uma somatória de decisões, empreendimentos que se somariam ao longo do tempo; sem que estivesse excluída a oposição e o conflito, mesmo a destruição, toda sorte de transformação e sobreposição. Pelo jogo das vontades, às vezes conflitantes, mas também às vezes concordantes, teríamos um agregado de soluções parciais que se ajustariam, talvez num equilíbrio instável, sempre mais ou menos permanente, sempre mais ou menos mutável. A coesão, talvez se pudesse dizer, seria sempre tensa, sempre sujeita a desfazer-se, talvez logo se recompondo.

Uma possível reafirmação do resultado de conjunto

Mas o conjunto enquanto tal, por um lado aparentando, sim, alguma funcionalidade, porém por outro, não deixando de ser carente de traços mais simples e regulares, talvez tivesse de ser, em um cômputo final, considerado mesmo como tendo sido deixado ao acaso, ou algo como isto, pelo menos no sentido de que em momento algum a cidade, como totalidade ativa de seus membros, teria tomado ciência dele e considerado que daquela forma mesmo é que ele deveria ser e permanecer. Não teria aquele desenho pecado por ter sido sempre carente de estabilidade e completude? Não haveria sempre incongruências que as intervenções, não partindo de um conjunto de indivíduos com suas vontades concertadas — sendo portanto parciais — nunca acabariam por solucionar? Mesmo que eliminando algumas dificuldades, em suas particularidades descoordenadas, as pretensas soluções não agregariam sempre outros tantos transtornos, ou mais ainda?

Um acontecimento dramático talvez nos ajude a pensar. Por ocasião das Guerras Persas, Atenas e Mileto, assim como várias outras cidades gregas, foram totalmente destruídas. É então que, quando da reconstrução, Mileto irá adotar um desenho radicalmente diferente do que apresentava anteriormente, o traçado de suas ruas deixando de ser irregular e tomando a feição oposta, a de um "tabuleiro de xadrez". No mesmo momento, ao contrário de Mileto, Atenas, tendo sido também destruída, será reerguida não conforme qualquer outro tipo de traçado senão aquele mesmo irregular de seu antigo desenho.

Muito poderia ser conjecturado para se explicar por que um outro tipo de traçado não se impôs no caso de Atenas: o apego dos proprietários a seus antigos lotes, as dificuldades administrativas e econômicas de um possivelmente necessário reparcelamento, etc.; mas sendo que podemos também conjecturar que se optou pela preservação do antigo desenho por se considerar que nele haveria propriamente algo de desejável. O antigo traçado talvez tenha sido refeito porque, ainda que se quisesse, não se pôde transformá-lo; mas talvez também porque, ao contrário, teria em si mesmo se apresentado como digno de uma reconstrução. Algum poder a velha cidade pode ter exercido para ter servido de guia na reconstrução, apresentando uma força própria para se impor excluindo outras possibilidades.

Fato é que o desenho se refez. Em Atenas foram as próprias ruínas da antiga cidade que acabaram por servir de referência para a reconstrução. Uma cidade totalmente nova foi construída, porém conforme a antiga, que assim, podemos dizer, pode ter servido de preconcepção para a nova. Voltar a ser tal como fora antes é, portanto, algo que pode ter sido projetado: pensado antes como uma imagem a ser materialmente realizada.

Assim, se tivermos em vista sua constituição primeira, o desenho de Atenas parece não ter sido objeto de uma concepção prévia ou de um plano. Todavia, uma vez a cidade construída, quando destruída, seu desenho, a princípio não preconcebido, pode ter servido como uma espécie de modelo, como preconcepção, como idéia orientadora para a reconstrução.

A determinação da objetividade dos fatos

Mas foram só conjecturas. A apreciação que até aqui fizemos, acredito patente, foi carente de determinações mais precisas no que diz respeito à especificidade dos fatos, e, nos termos do que pudemos conjecturar, hipóteses de comportamentos até mesmo opostos puderam equivaler-se. Não haveria então algo que se pudesse afirmar com certeza a respeito da formação daquele desenho? Não haveria o que se pudesse dizer dele simplesmente?

Fato é que o casario de Atenas Clássica apresenta-se hoje como um conjunto de dados materiais que um certo passado nos legou e que o esforço historiográfico e arqueológico cuidou de revelar. O que temos efetivamente para observar é um conjunto de determinações materiais tal como nos mostram as ruínas da cidade antiga. As configurações que essas ruínas nos dão a conhecer não podem ter sido senão o resultado de toda uma série de acontecimentos. Mas essa série de acontecimentos, em si mesma, nós propriamente não conhecemos. O que temos é só um resultado. A seqüência dos fatos em que as definições foram dadas, as decisões tomadas, e por onde se chegou ao desenho que apreciamos, essa seqüência, nós não conhecemos. Tudo que sobre ela pensamos não passa de mera conjectura.[10]

Não que não valham as conjecturas. Estas, ainda que de fato fantasias, podem sim ser úteis; mas desde que cuidemos para que não substituam os fatos em sua verdade. Podemos conjecturar sobre a série de acontecimentos que tenha levado à existência daquelas casas e ruas que conhecemos em seu estado ruinoso. As conjecturas servem mesmo como auxiliares na boa formulação de nossas perguntas e guias no encaminhamento de nossas investigações. Mas os fatos, no caso, reduzem-se a vestígios materiais de um certo passado. Se quisermos buscar pelos acontecimentos que lhes deram origem, até que podemos, porém de uma maneira peculiar. Somos sempre obrigados a partir do que temos e fazendo assim, quando o que temos são só ou quase os resultados materiais, acabamos por seguir um percurso com sentido inverso ao dos acontecimentos sobre os quais conjecturamos.

A seqüência de fatos que levou à existência daquelas casas, a um determinado modo de arranjo entre elas, são condições sem as quais nada daquilo poderia ter existido. Dado que tais casas existiram, é correto supor como tendo sido dadas as condições de sua existência, toda a seqüência de fatos anteriores que foram necessários para tanto, em termos gerais, o modo pelo qual teria uma certa sociedade se determinado para que as coisas viessem a se constituir tal qual. Debruçar-se sobre as ruínas do casario de Atenas faz com que se pergunte por quais teriam sido as condições necessariamente cumpridas numa série de acontecimentos anteriores para que elas fossem estas que podemos observar e não outras. Mas isto que podemos observar,

---

[10] *"...eis que acontece com as comunidades como com as pessoas em particular — ignoram comumente o próprio nascimento e infância; e se sabem algo da própria origem, devem-no a registros acidentais que outros conservaram."* (LOCKE, John, op.cit., p.63)

como se define? O que é que podemos tomar propriamente como fato e apreender em seu modo de ser, sem fazer uso de conjecturas, com a pretensão de mantermos nossa atenção nos limites do que a existência é certa?

Ao certo mesmo, o que temos são só dados materiais. Especificamente ao século V a.C., aquilo de que dispomos são vestígios que bem nos permitem ver a planta de algumas casas e o desenho de algumas poucas áreas da cidade. Temos também dados a respeito de períodos posteriores, mas não dos anteriores e formativos da configuração do século V a.C. As pouquíssimas referências escritas sobre as configurações materiais nesse século são pontuais ou genéricas, pouco valendo sem outros dados correlatos[11]. Contamos também com os estudos a respeito da família sem que estes nos auxiliem, no entanto, no entendimento das formas particulares e diferenciadas das casas, assim como no que diz respeito ao modo específico de sua disposição.[12]

Baseados antes de tudo, a princípio[13], nos fatos materiais dados, o que podemos dizer a respeito do casario de Atenas? Comecemos pela consideração das partes.

---

[11] Para uma síntese criteriosa dos dados até a data de suas publicações: TRAVLOS, J., *Pictorial dictionary of Ancient Athens*, New York, Hacker Art Books, 1980; THOMPSON, Homer A., WYCHERLEY R.E., *The Agora of Athens: The history, shape and uses of an ancient city center* (The Agora of Athens: Results of excavations conduced by The American School of Classical Studies at Athens, vol. XIV), Princeton/New Jersey, ASCSA, 1972; ao que se pode acrescentar: MARTIN, Roland, *L'urbanisme dans la Grèce Antique*, Paris, A. et J. Picard, 1956; WYCHERLEY, R.E., *The stones of Athens*, Princeton/New Jersey, Princeton University Press, 1978.

[12] Ver notas 14 e 16.

[13] *"Chama-se princípio ao ponto de partida de uma coisa que muda ou se move, como por exemplo, se fala do princípio de uma magnitude ou de uma viagem. Em um dos extremos se encontra um princípio, e no extremo oposto, há outro princípio. Também se dá o nome de princípio àquilo por cujo meio se pode realizar melhor uma coisa; por exemplo, o de uma ciência. Pois não há que se começar sempre pela noção primeira e o princípio da coisa que se estuda, senão por aquilo que pode facilitar a aprendizagem. Princípio é também a parte primeira e essencial de que consta um ser; por exemplo, neste sentido a quilha é princípio da nave; e o princípio*

As casas em seu fechamento: liberdade de disposição de si e dos bens de cada um em seu interior

O casario de Atenas é propriamente a compactação de uma pluralidade de casas. Uma casa após a outra, uma junto da outra, é o que ele nos mostra com simplicidade e clareza. Isto pela própria feição geral das casas, com seus limites muito bem marcados, com seus cômodos voltando-se para um pátio interno, com as aberturas para o exterior, raras e bastante elevadas, sempre vedando a visão do seu interior. Nelas só um único acesso existe, e sempre cuidadosamente posicionado, de modo que sua função de ligação não se confunda com a possibilidade de permeabilidade ou exposição de qualquer intimidade. Cada uma das casas é uma unidade fechada sobre si mesma.[14]

---

de todos os animais é, segundo crêem alguns, o coração; segundo outros, o cérebro; segundo outros, enfim, qualquer outra coisa desta classe. Em outro sentido, princípio é a causa externa que produz um ser e aquilo por cuja virtude o ser resulta pela primeira vez apto para começar o movimento e a mudança; por exemplo, o filho recebe esta capacidade do pai e da mãe, e a guerra sua energia interna de uma injúria. Outra acepção de princípio é a que corresponde ao ser, por cuja vontade livre se movem as coisas que se movem e transformam: desta maneira se chamam princípios os magistrados das cidades, as oligarquias, os reinos e as tiranias. E também se chamam princípios às artes e, entre elas, especialmente, às arquitetônicas. Finalmente, também recebe o nome de princípio aquilo pelo que se chega ao conhecimento de uma coisa, que se chama igualmente princípio dessa coisa; por exemplo, as premissas ou hipóteses são princípios das demonstrações. As causas se tomam em tantas acepções como os próprios princípios, pois todas as causas são princípios. Por conseguinte, é comum a todos os princípios o ser o ponto de partida desde o qual uma coisa é, se faz, ou se conhece." (ARISTÓTELES. *Metafísica* V 1)

[14] Sobre as casas de Atenas: THE AMERICAN SCHOOL OF CLASSICAL STUDIES AT ATHENS, *The Athenian Agora: A guide to the excavation and museum*, 4. Ed., ASCSA, 1990, p. 56-58, 93, 100, 155-159, 184-185, 187-190; CAMP, John M., *The Athenian Agora: Excavations in the heart of Classical Athens*, London, Thames and Hudson, 1986, p. 135-149; JAMESON, Michael, Private space and the greek city, in: MURRAY, Oswyn, PRICE, Simon, *The greek city from Homer to Alexander*, Oxford, Clarendon Press, 1991, p. 171-195; MARTIN, Roland, *L'urbanisme dans la Grèce antique*, Paris, Editions A. et J. Picard et Cie, 1956, p. 221-252; NEVETT, Lisa, Separation or seclusion? Towards an archaeological approach to investigating women in the greek household in the fifth to third centuries B.C., in: PEARSON, Michael Parker, RICHARDS, Colin, *Architecture and*

Assim, furtando a vida familiar em sua intimidade ao olhar de terceiros, aqueles que naquelas casas viviam, já e só por isto de tê-las em seu fechamento, diziam que não queriam deixar-se ver naquilo que em si mesmos eram. Diziam não interessar aos outros o que lhes pertencia e como disso faziam uso. Procurar penetrar a intimidade dos outros, buscar o entendimento dos demais ao lançar o olhar ao interior de suas casas seria, do ponto de vista deles, mais que uma mera indiscrição. Para eles seria uma intromissão. Diziam, pelo modo mesmo do fechamento que davam a suas casas, não caber aos demais o conhecimento de sua intimidade e de sua vida familiar.[15]

Sobre essas casas, é verdade, estende-se hoje nosso conhecimento. O tempo encarregou-se de por a baixo as paredes que as protegiam dos olhares indiscretos. A disposição de seus

---

order: Approaches to social space, London/New York, Routledge, 1994, p. 98-112; PESANSO, Fabrizio, *La casa dei greci*, Milano, Longanesi, 1980, p. 92-192; POMEROY, Sarah B., *Families in classical and hellenistic Greece: Representations and realities*, Oxford, Clarendon Press, 1997, p. 28-33; RIDER, Berta Carr, *Ancient greek houses: Their history and development from the neolithic period to the hellenistic age*, Chicago, Argonaut, 1964, p. 210-238; SHEAR JR., T. Leslie, The Athenian Agora: Excavations of 1968, *Heperia 38*, 1969, p. 382-417, plates 101-108 (esp. p. 383, 394, plates 101-104); idem, The Athenian Agoa: Excavations of 1970, *Hesperia 40*, 1971, p. 241-279, plates 45-59 (esp. p. 266-270, plates 53-55); idem, Te Athenian Agora: Excavations of 1971, *Hesperia 42*, 1973, p. 121-178, plates 25-39 (esp. p. 138-144, 146-164; plates 29, 31-34); THOMPSON, Homer A., Activity in the Athenian Agora: 1960-1061, *Hesperia 35*, 1966, p. 37-54, plates 13-18 (esp. p. 51-53, plates 17-18); idem, Activity in the Athenian Agora: 1966-1967, *Hesperia 37*, 1968, p. 36-72, plates 5-17 (esp. p. 69 e 71, plate 13); THOMPSON, Homer A., WYCHERLEY, R.E., op. cit., p. 170-191, plates 88-91; TRAVLOS, J., *Athènes au fil du temps*, op. cit., VI d/ maisons); idem, *Pictorial dictionary of ancient athens*, op. cit., p. 392-401; WALTER, Susan, Women and housing in classical Greece: The archaeological evidence, in: CAMERON, Averil, KUHRT, Amélie (Eds.), *Images of Women in Antiquity*, London, 1993, p. 81-106; WYCHERLEY, R.E., Houses in Ancient Athens, *Journal of the Royal Institute of British Architects (RIBA)* 68, 161, p. 282-283; idem, *How the greeks built cities*, op. cit., p. 175-197; idem, *The stones of Athens*, op. cit., p. 237-252; YOUNG, Rodney S., An industrial district of Ancient Athens, *Hesperia 20*, 1951, p. 135-288, plates 55-85.

[15] *"...demostrar las cosas evidentes por medio de las que son oscuras es propio del que está incapacitado para discernir lo que es conocido por sí mismo de lo que no lo es"* (ARISTÓTELES. *Física* II 1, 192b/193a. Trad. de Francisco de P. Samaranch. Madrid: Aguilar, 1973)

cômodos fez-se exposta, partes resistentes do revestimento de seus muros e paredes revelaram-se a olhares estranhos e alguns de seus utensílios estão hoje exibidos nos museus. O que sobrou talvez não seja muito, mas a partir disso podemos saber um certo tanto a respeito de como eram em seu interior. E acabamos por estar sempre sabendo um pouco mais, como provam os estudos em sua continuidade. Contudo, não podemos confundir a efetividade de nossos conhecimentos atuais com o que se podia saber daquelas casas quando ainda propriamente existiam. O seu modo de ser era o de um fechamento, com que se punha termo à possível curiosidade dos demais.

Protegida estava a intimidade familiar. As casas, na concretude de sua própria realidade material, cuidavam de preservar a intimidade. Cuidavam disso por meio de suas paredes e muros, pela ciência de ventilar e clarear os cômodos por um pátio central, pelo recurso às aberturas externas muito elevadas em relação aos passantes, pela disposição da porta de entrada de modo a não permitir olhares indiscretos; por toda esta série de cuidados, a casa, em sua própria concretude material, era usada como um resguardo. Cada uma das casas em seu interior, e cada uma das famílias que nelas habitavam, constituíam-se em opacidade para os que lhes fossem estranhos.

Tal opacidade era garantia de não-interferência, de liberdade em relação a terceiros. O que pertencia a cada qual era efetivamente dado de forma tal que só poderia ser preocupação exclusiva sua, não podendo os demais em nada interferir. Ninguém podia imiscuir-se, cuidar do que era dos outros. Ninguém mais ali poderia interferir. Resguardava-se o cidadão contra a interferência em sua vida por parte de outros, por isto de, sobre si mesmo e sobre o que era só seu, só ele próprio ter o conhecimento e controle. De seus bens só ele mesmo era responsável, só ele mesmo podendo definir quais seriam e qual seria o modo de sua disposição.

Isto a família ateniense mostra estar afirmando quando desenha o seu espaço particular em todo seu fechamento. Não havia como outros lá interferirem, já porque lá não poderiam penetrar, e também porque do que lá acontecia nada podiam saber a partir do exterior. Não havia o que daquelas casas se comentar pois suas paredes não permitiam. A opacidade de seus interiores era garantia de liberdade de disposição de si e dos bens que se possuísse.[16]

Um modo de aproximação com a preservação da identidade

As casas não se deixavam conhecer em seu interior, e talvez por isto, por serem um espaço de liberdade que as famílias se davam com exclusão das demais, pudesse ser entendida problemática a forma de seu relacionamento urbano, pois, como umas e outras poderiam relacionar-se se a cada uma e a todas faltava o conhecimento das demais? Nisto mesmo de as casas não se deixarem conhecer em seu interior, no entanto, já se está definindo um certo modo de relacionamento, um modo e regra de relacionamento dado pela definição de que a intimidade de cada um deve ser considerada como negócio exclusivo seu.

---

[16] Sobre a família grega no Período Clássico, os principais textos antigos: ARISTÓTELES, *Economia*; idem — *Política* I e II; XENOFONTE, *Econômico*; o clássico do séc. XIX: COULANGES, Fustel de, *A cidade antiga* (Ed. bras.: São Paulo, Martins Fontes, 1995); alguns estudos modernos: BLUNDEL, Sue, *Women in Ancient Greece*, London, British Museum, 1995; BOER, W. Den, *Private morality in Greece and Rome: Some historical aspects*, Leiden, E.J. Brill, 1979; CAMERON, Averil, KUHRT, Amélie (Eds.), op. cit., Part Three: Women at home, p. 81-106; COHEN, David, *Law, sexuality and society: The enforcement of morals in Classical Athens*, Cambridge, Cambridge University Press, 1990; FLACELÈRE, Robert, *La vie quotidienne en Grèce au siècle de Périclès*, Paris, Hachette, 1959 (esp. p. 75-103); FLORENZANO, Maria Beatriz, *Nascer, viver e morrer na Grécia*, São Paulo, Atual, 1996; GARLAND, Robert, *The greek way of life: From concep-*

A clara distinção dada entre interior e exterior em cada uma das casas, por si só, define um certo modo de relacionar-se. As casas se tocam, umas junto com as outras formam um casario, sem que, no entanto, sob aspecto algum, seus espaços próprios se interpenetrem. São bem distintos os espaços internos dos externos, uma clara demarcação os separa. Mas a mera existência de uma demarcação qualquer, do ponto de vista mais geral da arquitetura, não seria suficiente para a definição de uma impermeabilidade. Sobre uma simples demarcação sobre o solo, por exemplo, pode-se saltar — saltar com as pernas ou com o olhar. A demarcação pode definir um obstáculo corporal ou não, um obstáculo visual ou não, auditivo ou não. No caso de Atenas, a demarcação aparece como um obstáculo corporal, visual e também auditivo. Há uma porta onde o obstáculo físico é móvel, em geral se fazendo presente, vez por outra se abrindo, porém a impermeabilidade visual e auditiva em lugar nenhum desaparece.[17]

---

tion to old age, Ithaca/New York, Cornell University Press, 1993; GOULD, J.P., Law, custom and myth: Aspects of the social position of women in Classical Athens, *Journal of Hellenic Studies* 100, 1980, p. 38-59; LACEY, W.K., *The family in Classical Greece*, London, Thames and Hudson, 1972; LEADER, Ruth E., In death not divided: Gender, family and state on classical athenian grave stelae, *American Journal of Archaeology*, s.s., 101, 1997, p. 683-699; POMEROY, Sarah B., op. cit.; POWELL, Anton, Citizen women of Athens, in: *Athens and Sparta: Constructing greek political and social history from 478 B.C.*, London and New York, Routledge, 1996; STE CROIX, G.E.M., Some observations on the property rights of athenian women, *Classical Review*, n.s., 20, 1970, p. 273-278; STRAUSS, Barry, *Fathers and sons in Athens: Ideology and society in the era of peloponnesian war*, London, Routledge, 1993; VERNANT, Jean-Pierre, *Mito e pensamento entre os gregos: Estudos de psicologia histórica,* trad. de Haiganuch Sarian, São Paulo, DIFEL/EDUSP, 1973 (Hestia-Hermes: acerca da expressão religiosa do espaço e do movimento entre os gregos, p. 113-155).

[17] Observe-se, por exemplo, que o posicionamento da porta que estabelece a relação da casa com o exterior é tal que, mesmo quando aberta, a visão da parte interna da casa fica obstaculizada. Pode-se entrar e sair, é claro, mas nunca de fora se pode observar o interior, mesmo por uma eventual fresta, porque um elemento de arquitetura funciona como anteparo visual. O mesmo é propriamente regra em todas as plantas escavadas em Atenas e nas demais cidades do período.

Estando do lado de fora, nada de dentro se vê ou se ouve, como de dentro também nada se vê do que está fora. Assim, estar em casa é estar voltado para a própria casa e não tê-la como local de observação do que se encontra fora dela. Estando-se dentro, só para dentro se pode dirigir o olhar. E se for do lado de fora onde nos encontrarmos, o interior de modo algum se mostra. Estando fora, nunca para dentro podemos dirigir o olhar.

Uma única abertura, uma só porta: só por ela se entra, só por ela se sai. Para se estar fora, é ela que se usa, e, na ausência de meios que dêem visibilidade ou audibilidade do exterior, para ver o que está do lado de fora, ou colocar os ouvidos na escuta do que por lá aconteça, é preciso transpô-la, única possibilidade de relação. Estando-se dentro, é preciso caminhar até o lado de fora para que o exterior se possa fazer de alguma maneira sensível. Sem esse deslocamento físico, o mundo exterior não tem como existir sensivelmente. Da casa, a partir da própria casa, mesmo, não é possível nenhum relacionamento. Estando as casas dadas ao modo da contigüidade urbana, facilita-se, sim, o relacionamento pela proximidade, mas a partir dessa facilitação, para que efetivamente alguma relação se dê, é preciso que haja um deslocamento, um ato voluntário pelo qual alguém defina para si um outro a-partir-do-que, um outro posicionamento. A partir do que é a própria casa, relacionamento nenhum era possível: era preciso abandoná-la para que alguma relação se desse. Claro que se podia receber uma visita, e ao fazê-lo, sem deslocamento, quem recebia estava relacionando-se; mas isto não sem que o outro, o que era recebido, se tivesse deslocado.

Define-se pois um privado não só pela nitidez dos lineamentos exteriores de cada uma das casas; define-se com mais precisão ainda o privado quando estar nele ou sair dele demanda um ato explícito da vontade. Há como repousar em sua própria casa. Há como, mesmo se estando em atividade em casa, furtar-se aos cuidados de evitar alguma intromissão, pois, disto cuidam já as próprias paredes. Para que se negue esse repouso da casa é preciso que se opere um deslocamento por um ato de vontade. É preciso fisicamente deslocar-se para o que é exterior. Da casa mesmo nada se vê do que esteja fora dela, nada se ouve do que acontece fora. Fechada assim estava. Não absolutamente é claro, pois a relação de aproximação urbana não se dá senão pela facilitação do relacionamento.

Não se abria o espaço familiar à visão do exterior. Fechando-se, constituía-se em unidade claramente demarcada na composição do casario. Este último, dessa maneira, apresentava-se como uma composição em que os elementos, ao se agregarem, não deixavam de ser bem definidos. Em sua agregação, os elementos não deixavam de se apresentar em sua total identidade. O desenho mesmo mostra claramente isto. Há o espaço de uma família, e há o espaço de uma outra família. Agregam-se os espaços familiares na cidade, mas de maneira alguma se confundem: permanecem em sua perfeita identidade. Fechadas em si mesmas, cada uma em sua própria identidade, aproximavam-se as casas em seu relacionamento urbano: uma juntava-se à outra, e esta à outra e mais outra, sem que nisto nenhuma perda existisse na sua própria definição ou identidade.[18]

---

[18] Se não fosse assim, se perdessem sua identidade, não teríamos mais a cidade como um conjunto de casas, mas o conjunto todo se reduziria a algo talvez como uma única casa. É a diferenciação e identidade própria de cada um dos espaços privados em relação a cada um de todos os demais que faz da cidade propriamente uma associação de casas ou famílias, e não uma família estendida ou um grande conjunto de bens da posse de um único indivíduo: *"... a cidade é por natureza uma pluralidade; se sua unificação avançar demasiadamente, a cidade será reduzida a uma família, e a família a uma individualidade, pois poderíamos dizer que a família é mais una que a cidade, e o indivíduo mais que a família; logo, mesmo que qualquer legislador fosse capaz de unificar a cidade, ele não deveria fazê-lo, pois com isto destruiria a própria cidade. A cidade não é constituída somente de numerosos seres humanos, mas é também composta de seres humanos especificamente diferentes. A cidade não é constituída de pessoas homogêneas; uma aliança e uma cidade são coisas diferentes; a aliança vale por sua quantidade (seu objetivo essencial*

A definição solidária de um espaço especificamente relacional em condição de igualdade

E uma terceira característica pode logo ser observada. As casas associam-se em blocos, estes no casario. Em sua associação, observe-se, não encontramos um mero ajuntamento, como um de figuras ou volumes que se colam uns aos outros. Há no ajuntamento algo que faz dele propriamente uma relação social. Não estão as casas meramente coladas umas às outras. Entre elas estão as ruas, um espaço de relação. Para as ruas, abrem-se as casas. Ao juntarem-se, fazem, pois, de sua contigüidade física um fato propriamente relacional; isto na medida em que não estão simplesmente aproximadas fisicamente, tendo em seu relacionamento o cuidado de definir um modo de interação social por meio do espaço que lhe é necessário. Entre as casas existe o espaço da relação. É esta condição propriamente social que vemos estar sendo respeitada pelo ajuntamento físico das casas. Por essa condição, o ajuntamento físico qualifica-se como associação social.

A casa de um não era igual à casa do outro, mas a ambas estava assegurada a condição geral de acessibilidade. Cada um reconhecia esse direito no outro. Tal reconhecimento constitui-se em evidência de que o ajuntamento que se fez não se deu sem a presença de pensamento, e a presença de um pensamento propriamente social, visto que dizia respeito ao entendimento que cada qual tinha, não só de si mesmo, mas também de todos os outros. Todos tiveram de respeitar nos outros o seu direito

---

é a ajuda mútua), da mesma forma que a quantidade mais pesada de qualquer coisa valerá mais que uma menos pesada; uma cidade difere igualmente de uma tribo, quando a população desta não é organizada em povoados, mas vive esparsa como os arcádios, e os elementos constituintes de uma unidade como ela devem ser especificamente diferentes."
(ARISTÓTELES. *Política* 1261b. Trad. de Mário da Gama Kury. Brasília: Editora Universidade de Brasília, 1985)

à condição de acessibilidade geral. A presença da condição relacional no modo pelo qual se desenhou a cidade deixa ver a existência da vontade de um frente à vontade de outro, e, uma e outra das vontades, conscientes de que se confrontavam como vontades que sabiam que a condição social que uma reivindicava para si era a mesma que a outra para si também reivindicava. Há pois um mútuo e geral — solidário — reconhecimento de igualdade no que diz respeito a essa condição.[19]

Diferenciação e igualdade entre as casas

As casas aproximam-se, relacionam-se ao modo da contigüidade, sem que por isso os espaços individuais se confundam: permanecem, pelo contrário, em sua perfeita identidade no interior do conjunto que constituem. Umas se diferenciam bem das outras, mas a diferença específica de cada uma não se mostra exteriormente. Diferem entre si os invólucros exteriores das casas como diferem também os seus conteúdos. Todavia a diferença mostrada exteriormente não revela as casas em toda sua distinção. Mostra-se aqui uma fachada de uma determinada dimensão, mostra-se lá outra com dimensões diferentes. Suas formas também são diferentes. Por isto, por esta diferenciação exterior, podemos inferir que os espaços

---

[19] Podemos dizer que a condição social está respeitada no resultado. Não podemos dizer, no entanto, como se chegou a ele. Não sabemos, por exemplo, se acaso alguém não teve seu domínio particular envolvido pelos de seus vizinhos, e tenha que ter feito então valer sua força para encontrar novamente a rua. Não sabemos também se uns e outros, todos eles, aos poucos ou de vez, desde o princípio ou não, acordaram entre si manter a acessibilidade à casa de cada qual. Mas como quer que tenha sido, chegou-se a um resultado determinado onde respeitada está a condição relacional. Sobre a rua em sua função primária e meio de relacionamento: MALACO, Jonas T. S., Cidade: Ensaio de aproximação conceitual, *Caramelo* (Revista do Grêmio da Faculdade de Arquitetura e Urbanismo da Universidade de São Paulo) 7, 1992, p.100-123.

por trás delas também serão diferentes, que não poderão ser iguais; mas não podemos inferir mais do que isso, não podemos dizer qual seja a específica constituição de cada uma das casas em seu interior.

Mostram-se, assim, as casas como distintas sem que precisem declarar a específica diferença de que se trata. Mostram-se diferentes, porém não mostram aquilo de que se constitui propriamente essa diferença. Se são maiores ou menores, mais ou menos fartamente providas de bens, é algo que não se dá à visão do passante. Verdade é que por suas paredes exteriores algo do interior pode ser sugerido. Mas sendo estas desprovidas de ornamentos ou mesmo de qualquer tratamento mais cuidadoso — apresentando-se meramente como pedra sobre pedra, tijolo sobre tijolo, com um revestimento de argamassa grosseira e sobre ela, uma simples pintura higienizadora — não podemos aí encontrar uma maneira das famílias se distinguirem, ao menos com clareza. Um muro menor pode esconder uma casa maior e um maior, uma menor. Há uma casa e outra junto dela. A primeira pode ter uma área bem maior do que a segunda; no entanto, esta diferença não se mostra sempre exteriormente. Ao passante, não se faz sempre notória.

Há uma casa e outra: sabemos que uma é diferente da outra porque assim se mostram. Não sabemos, no entanto, como cada uma delas é propriamente. Uma é diferente da outra, uma é discernível em relação à outra. Sabemos que há mesmo uma e outra porque não se confundem; mas não sabemos mais do que isto. Assim podemos dizer que há uma primeira casa, depois uma segunda e, depois ainda, uma terceira; contudo, na ausência da possibilidade de definirmos sua diferença específica em sua completude, o nosso conhecimento do conjunto não vai além de uma soma desses valores discerníveis, porém, ao mesmo tempo, inapreensíveis em toda sua diferenciação. Assim, pois, a maneira pela qual se dá a diferenciação implica: (1) a impossibilidade de confundir um elemento com outro, substituir um pelo outro; mas (2) também na impossibilidade de conhecermos em sua interioridade e completude os elementos que sabemos diferentes.

O conjunto é portanto constituído por elementos diferentes sem que, no entanto, suas diferenças sejam em si mesmas, própria e completamente consideradas: desconsideram-se as diferenças interiores. Os diferentes elementos, mostrando e afirmando claramente que são diferentes, igualam-se como coisas que não podem ser propriamente definidas. Igualam-se por esta impossibilidade de diferenciação específica completa; mas não que se confundam ou percam sua identidade, na medida mesmo em que deixam claro que há sim uma diferença.[20]

Somos, assim, levados a respeitar necessariamente cada um dos elementos ou cada uma das casas em sua específica

---

[20] As diferenças de tamanho não poderiam ser muito grandes. As casas do século V encontradas variam entre pouco mais de 120m² e pouco menos de 500m². *"Limited though it is, the evidence is now probably sufficient to illustrate the kind of domestic conditions in which the majority of the Athenians lived. One could wish for a wider range. There were probably meaner houses at Athens than any we have looked at; there may have been a few more handsome and spacious. The house of the wealthy Kallias had in its courtyard at least two colonnades, one of them sufficiently roomy for the peripatetics of a visiting professor and his attendant 'chorus'. But even the house of Kallias or Alkibiades was not vast or palatial. And its contents and furnishings were surprisingly meager. On this point we now have a mass of detailed evidence in the records of the sale of the confiscated goods of Alkibiades and his associates, whom we can assume to have been men of property.(...) Demosthenes (III,25) says that a century before his own time even the great men of Athens lived in houses not notably superior to those of their neighbors, and we can believe that he is exercising no more than an acceptable rhetorical license. We do not yet have the house of a Kallias; but even the modest dwellings on the Areopagus slope were occupied by men of moderate means, to judge by their contents, which include fine pottery. As far as the archaeological evidence goes, there had been no great transformation in Demosthenes' own time, and he is doing his contemporaries some injustice if he is imputing to them more than a litle domestic luxury. For this one has to wait till Hellenistic and Roman times, as in Greece generally. But on the other hand it is quite wrong to imply that the builders of the Parthenon and the Erechtheion or the contemporaries of Lykurgos, the reat Minister of Works, lived mostly in hovels."* (THOMPSON, Homer A., WYCHERLEY, R.E., op. cit., p.182-183)

diferença, sem que saibamos própria e completamente qual seja ela. Entende-se não competir a ninguém mais senão a seus próprios moradores definir em que e como cada uma delas diferencia-se das outras. Era aos cidadãos, a cada um deles, que competia esta definição a respeito de si mesmos, de suas casas. Quando eram dados e sabidos diferentes, mas sem que se pudesse saber e decidir da diferença de que se tratava, não se fazia senão lhes dar e manter assegurada, em condição de igualdade, esta prerrogativa ou direito, a de serem diferentes, tal como quisessem.

Não é, pois, por serem tão diferenciados que os espaços do casario de Atenas deixem de se apresentar como valores equivalentes. Cada um dos específicos espaços apresenta-se sempre em sua identidade própria e nela, como elemento de mesmo valor que o de todos os demais. Cada uma das casas é diferente de todas as outras. Mas a distinção, individualizando-as, não estabelece hierarquias entre elas.

Diferenciação e igualdade em cada um dos percursos

Talvez nos possamos imaginar fazendo o percurso daquelas ruas[21]. Comecemos por entrar na cidade à procura da região central. A partir de qualquer uma de suas portas, damos logo com uma de suas ruas e então o que vemos não é mais do que

---

[21] Para a consideração de distinções modais na composição e seqüenciação: WÖLFFLIN, Heinrich, *Conceitos fundamentais da história da arte*, São Paulo, Martins Fontes, 1984. Ainda que deficientes na consideração da diferenciação modal: CULLEN, Gordon, *Townscape*, London, Architectural Press, 1961; LYNCH, Kevin, *The image of the city*, Cambridge/Massachusets, MIT Press, 1960. Considerando diferenças de modos, mas de um ponto de vista etnológico e, talvez possamos dizer, não propriamente histórico: RAPOPORT, Amos, *Human aspects of urban form*, Oxford, Pergamon Press, 1977.

aquilo que na rua é bastante próximo[22]. Nenhuma visual por onde se pudesse observar objetos mais distantes se abre. O trajeto a ser seguido, talvez possamos sabê-lo, porque ele é o das linhas de maior continuidade e também porque suavemente a declividade o anuncie. Ainda podemos sabê-lo simplesmente porque seguimos um fluxo maior de pessoas, ou ainda porque já o conheçamos de antemão por antes tê-lo feito, por sermos freqüentadores ou mesmo moradores dessa cidade.

O que podemos ver de imediato são só as casas bem próximas: o traçado irregular da rua não permite ver mais adiante. Porém se não podemos ver mais adiante, podemos, sim, bem apreciar algumas casas em sua identidade, pois só algumas poucas são dadas à nossa visão. Caminhamos um pouco, e o mesmo tipo de cena se repete. Nossa visão continua limitada; da mesma maneira só o mais imediatamente próximo é visível e podemos também bem observá-lo em sua identidade, sem que um número muito grande de elementos se proponha à nossa atenção.

Seguindo por nosso caminho, uma sucessão de paisagens vai-se apresentando: são as casas, um grupo delas, só algumas delas, e é também a própria rua que tem sua orientação variável, sua largura alterando-se, às vezes um pouco para mais, às vezes um pouco para menos. Ao cruzar uma outra via, a que percorremos se comporta de maneira peculiar. Não a ultrapassa simplesmente, porém com seu próprio traçado acusa o encontro, mudando ligeiramente sua orientação umas vezes, alargando-se outras vezes.

Por fim, um quadro significativamente maior se faz presente: é o termo de nosso percurso, a região central que procurávamos. Este último quadro pode não nos surpreender totalmente; talvez antes, por uma abertura entre as casas ou

---

[22] A Via das Panathenaia, com sua configuração diferenciada por suas dimensões e majestosidade, caracteriza-se mais como um espaço público que, como os demais, é bem recortado do casario.

por uma perspectiva que se tenha insinuado a partir das ruas, já pudéssemos dele ter tido uma certa visão. O fluxo de pessoas que se adensava talvez também nos tenha deixado pressenti-lo. Porém mesmo não nos surpreendendo, quando nos deparamos com ele, é um quadro novo que vemos, relativamente isolado de toda a seqüência anterior. Os quadros anteriores, os específicos espaços antes percorridos, ficaram para trás, deixando de se fazerem imediatamente presentes ainda que também não se escondendo totalmente. Não chamam mais nossa atenção diretamente, como também a região central não o fazia quando ainda nos encontrávamos fora dela. Estão lá ou acolá, enquanto estamos aqui.

Assim caminhando, nosso percurso se deu conforme uma sucessão de momentos bem marcados, bem definidos. Os momentos sucederam-se, mas sem que cada um deles perdesse sua própria especificidade. Foram quadros em sucessão o que vimos, não um fluxo de imagens sempre contínuo. O fluxo foi marcado por um certo ritmo, dado por uma sucessão de quadros relativamente fechados em si mesmos. Entre esses, nenhum se afirmou mais do que o outro. Suas amplitudes eram semelhantes: um mesmo certo número de casas aproximadamente, setores de rua também de dimensões semelhantes. Na presença de cada um deles, os demais não se insinuavam exigindo que nossa atenção se deslocasse para eles. Ao vermos um quadro pudemos fazê-lo com uma certa tranqüilidade. Vimos um, caminhamos e, então, deparamo-nos com outro.

Numa sucessão como essa, os locais não se isolam; há uma seqüência, um suceder de lugares, constituindo-se um percurso. Contudo, os locais em seus específicos valores também não se perdem no fluir do percurso. A fluidez, não sendo total, e sim constituída por momentos discerníveis uns em relação aos outros, tem um certo ritmo. O fluxo é um fluir, mas não contínuo; é dado segundo um certo ritmo. Os valores, estando relacionados nesse ritmo, compõem uma certa seqüência, uma totalidade como uma seqüência. Interagem, influenciando uns aos outros, porém mantendo sua identidade como valores discerníveis. E é nos termos desse modo de relação, em que se mantém a identidade dos valores particulares, que também se dá a relação do casario com a área central. Esta, com suas dimensões maiores, com seus edifícios de maior porte e comportando um maior número de pessoas, isola-se do percurso com seus valores significativamente mais modestos. Com a separação que se opera, os valores mais modestos do percurso persistem e não se negam pela pujança e gigantismo dos elementos centrais.

Pode-se bem apreciar cada um dos valores, cada um dos momentos de que se constituem os percursos. Uns momentos persistem mais, outros menos. Mais persistente é o momento de permanência na região central, mas não é por isso que todos, maiores e menores, também os menores, não tenham a possibilidade de se fazerem valer em toda sua possível riqueza, possibilitada que está nossa atenção de devidamente se deter em cada um de todos eles. Os quadros sucedem-se, não se sobrepõem. Não se sobrepondo, nenhum deles afirma sua supremacia sobre os outros, roubando a atenção que lhes poderíamos dedicar. Apresentam-se, antes, como valores diferenciados porém equivalentes em seu direito de tomarem nossa atenção.

Nenhum espaço se sobrepõe a outro. Constituem-se em um conjunto de valores coordenados, diferenciados; maiores uns, menores outros, mas todos dados em sua plena presença. O centro não se sobrepõe aos outros momentos do percurso. E não se sobrepõem também nenhum dos outros momentos. Quem está mais próximo do centro, não está por isso se sobrepondo a quem está mais distante. Quem chega na cidade vê, antes, uma casa mais distanciada do centro, depois, uma mais próxima. Contudo quando na intimidade de uma de suas casas, ou no interior de um de seus quaisquer específicos espaços, o antes e o depois da experiência imediatamente vivida se desvanece. Na lembrança permanece esta e aquela casa, este e aquele muro mais significativo, um trecho do percurso percorrido por uma ou outra característica mais marcante; mas isto tudo sem uma seqüenciação hierárquica, pois a seqüência de cenas experienciadas, na equivalência de seus valores locais, dados em sua separabilidade e discernibilidade, não se constitui nunca em um conjunto hierárquico imediatamente presente, em um sistema de valores apresentados simultaneamente conforme uma ordem locativa hierarquizadora.

Diferenciação e igualdade no conjunto dos percursos

E, da mesma maneira que para apreciarmos os momentos sucessivos em um determinado percurso foi útil imaginarmo-nos a percorrê-lo, é interessante também nos imaginarmos vivenciando os diferentes percursos em seu conjunto. Procurando vivenciá-los todos, logo percebemos que, com exceção da Via das Panathenaia, todos os outros caminhos, qualquer que seja a direção que se deseje seguir, são sempre intercambiáveis. Não há nunca um único caminho para se ir de um lugar a outro. A irregularidade do traçado, a escala de sua malha, a variabi-lidade de largura de cada uma das ruas e o fato de que setores de vias mais longas, por vezes, são mais estreitos que setores de vias mais curtas, o fato ainda de que pequenas vias às vezes se alargam bastante para sugerirem mais do que uma simples rua; por tudo isto, podemos escolher sempre entre possíveis diferentes percursos, e como hoje ainda podemos experienciar no traçado da cidade atual, bastante próximo ao da antiga, os menos avisados são até mesmo levados a nunca repetir os mesmos passos para se deslocarem entre dois lugares. Com isto, entre as próprias vias ocorre uma espécie de igualização, apesar de toda a diferença que há entre elas. Existem as mais longas e as mais curtas, setores mais largos nas vias e setores mais estreitos; alguns lugares adquirem maior importância, outros menor; cada lugar, cada rua e setor tem sua identidade própria, é bem diferenciado de todos os outros. Mas entre eles não há uma ordem hierárquica definida pelo próprio traçado. Há mesmo o mais e o menos importante, só que essa diferença de importância não é o traçado que define. O traçado mesmo se deixa estar na indiferença. Pode um percurso ser mais escolhido, pode outro ser menos; pode um abrigar atividades mais dignas, outro menos dignas; um é usado para acontecimentos mais freqüentados, outro para ocasiões menos disputadas. Mas tudo isso não é uma definição que se encontre dada pelo próprio traçado. Ele, com suas vias como caminhos sempre intercambiáveis, em seus espaços bem discerníveis sem que nenhum se sobreponha aos demais, não define por si mesmo hierarquias.

O desenho que vemos no casario de Atenas nega a definição de uma hierarquia de lugares. Mas não é que os espaços sejam indiferenciados, ou simplesmente igualizados. Não são iguais as casas; também não o são as ruas; nem uma mesma rua é sempre igual a si mesma, mudando seu direcionamento e suas dimensões. O espaço do casario de Atenas é extremamente diferenciado, no entanto essa diferenciação não é uma diferenciação em que os lugares estejam dados segundo uma ordem hierárquica pelo próprio desenho. O desenho mesmo, por si mesmo, não distribui os espaços segundo qualquer hierarquia. E se entendermos, como é fato, que podemos facilmente estabelecer uma série de valores relativos segundo estes ou aqueles atributos, segundo a dimensão ou a riqueza dos domínios privados, por exemplo, isto seria feito só a partir da própria dimensão e riqueza dos domínios; não pelas suas localizações distintas, nem pelo modo de sua presença pública, ficando, portanto, o desenho em si mesmo em posição de neutralidade.

Uma casa pode ser maior que outra. Com essa diferença de tamanho há uma relação de hierarquia entre algo que é maior e algo que é menor. Mas esse maior e menor não é o traçado das vias que estará estabelecendo, como podemos ver em outras cidades onde, por exemplo, a dimensão das edificações aumenta conforme nos aproximamos do centro. Há no casario de Atenas edificações maiores e menores, porém não é sua proximidade do centro que define uma maior ocorrência de uma coisa ou outra.

Separam-se bem as edificações maiores e menores em outro sentido. O que é público, e no caso o que é público é maior, é bem separado do que é privado e menor. Mas as ruas, ao não se comunicarem direta e simplesmente com o espaço público, mantém bem separadas as duas esferas — a das edificações públicas e a das privadas. Nenhuma casa tem por vizinhança um edifício público, e com isto não pode a casa fazer valer as dimensões do edifício público como suas, engrandecer as próprias pela vizinhança em que se encontre. A notoriedade do público não pode estender-se a nenhum domínio privado. Uma casa pode até estar próxima do espaço público, bem junta dele, colada mesmo nele, mas só fisicamente, não do ponto de vista social e da arquitetura, pois não se dão conjuntamente à visão. Encostam-se pelos fundos ou laterais. Os edifícios públicos, quando junto do casario, dão-lhe as costas. Não há qualquer tipo de co-participação entre o que acontece num espaço e outro; fechado está o privado sobre si mesmo, assim como também o faz o público.

O desenho diferenciado da rua é associado com o desenho diferenciado das casas. Um e outro são, na verdade, o mesmo; a diferenciação das ruas sendo dada pela diferença entre as casas, e esta por aquela. Espaços bem diferenciados são as casas e ruas, bem caracterizados, cada um tendo sua identidade própria, definida por um conjunto de características que são só suas. Mas não se constituem em espaços hierarquizados. Há antes uma coordenação de espaços de mesmo valor, ainda que distintos uns dos outros.

A ordem e a regra

Em si mesmos, os espaços particulares são diferentes na matéria e organização de seus conteúdos, assim como na sua forma exterior. Definem suas formas conforme a disposição e a particularidade dos bens de que se constituem e pelo ajuste de cada um com os demais conforme as possibilidades de presença frente ao meio de relacionamento geral, a rua. Assim constitui-se uma figura que é dada como uma somatória de lugares. Uma casa após outra, uma junto da outra; todas elas definindo suas posições pela relação com as demais. As ruas, por sua vez, constituem-se numa somatória de lugares diferenciados numa certa seqüenciação ritmada.

O conjunto de todos esses lugares, uma vez constituído, tem uma existência relativamente independente dos conteúdos que cada um deles possa vir a abrigar. O conteúdo de um ou outro dos domínios privados, por exemplo, pode mudar sem que, no entanto, o casario, em si mesmo, só por isso, transforme-se. Alguém se muda, leva consigo tudo o que é seu; seu domínio esvazia-se, primeiro, e depois é substituído por um outro conteúdo que ocupa aquele mesmo lugar. Mas tal substituição não afeta necessariamente o casario, como a substituição de vinho por água em uma jarra não a afeta também. O mesmo pode ser observado no uso das ruas. O conjunto de lugares que é o casario pode permanecer o mesmo, independentemente da alteração de conteúdo de cada um de seus lugares. O casario apresenta-se, pois, como uma figura compósita — um conjunto de lugares numa certa ordem — dotado de uma certa independência em relação a seus conteúdos. Estes são dados pelos bens pessoais, pelas pessoas, e por suas atividades. O casario tem uma existência dotada de autonomia em relação às pessoas, seus bens e atividades. Constitui-se em figura própria, definidora de contornos formais mais ou menos fixos para lugares que podem ser ocupados por estes e também por aqueles conteúdos.[23]

Enquanto conjunto de lugares numa certa ordem, mais ou menos fixos e independentes dos conteúdos que possam preenchê-los, o casario constitui-se, portanto, em fato material propriamente urbano ou social: um fato material distinto da simples e imediata relação entre as pessoas. Uma realidade propriamente social existe sob a forma de um conjunto de lugares mutuamente relacionados.

E a ordem desse conjunto de lugares em que se constitui o casario impõe-se mesmo como regra, como princípio a ser obedecido. Uma vez constituído, a sua materialidade impõe um ordenamento que não pode ser negado sem sua resistência. As determinações dadas pelo casario não podem ser negadas senão em conflito com a resistência de sua própria materialidade. Em um casario já constituído, não podemos, ao menos a princípio, senão escolher estar neste ou naquele de seus espaços, circular por um ou outro de seus caminhos, ou ter propriamente como nosso este ou aquele domínio. Fazendo-nos proprietário de uma certa habitação, por exemplo, nós só podemos começar por tê-la tal como lá estava antes de nós. E se, em seguida, quisermos

---

[23] Sobre o conceito de lugar: ARISTÓTELES, *Física* IV 1-5.

transformá-la, não será sem o esforço de pôr suas paredes a baixo e depois reerguê-las de outra maneira. E mesmo quando pomos a baixo suas paredes, os limites que nossos vizinhos nos impõem permanecem imutáveis e indestrutíveis, não podendo ser mudados exceto com seu consentimento, ou se fazendo guerra a eles. O casario, uma vez constituído, impõe a regra que tem contida em seu desenho. O casario, dado enquanto forma material é, assim, também dado como fôrma, sempre ali, a amoldar toda matéria pessoal que venha preenchê-lo.[24]

Há, portanto, em um casario constituído uma ordem que se impõe como regra, e tal ordem e regra no casario de Atenas, como vimos, é a de um modo de relacionamento que: (1) respeita a intimidade e liberdade no interior dos espaços privados; (2) conserva no conjunto, na forma total, a identidade de cada um de seus elementos; (3) define um modo de relação na solidariedade de uma mesma e igual condição de acessibilidade de todos ao meio de relacionamento social geral, e (4) faz com que, na presença pública imediata, todos se apresentem igualizados pela desconsideração de suas diferenças.[25]

---

[24] Sobre o que antecede: MALACO, Jonas T.S., op.cit.

[25] Durkheim observa a existência do caráter de regra nos fatos materiais urbanos. Definindo os fatos sociais como sendo dotados de um poder imperativo e coercitivo, em virtude do qual se impõem ao indivíduo, *"quer queira, quer não"*, acrescenta que assim também *"não podemos escolher a forma de nossas casas, nem a de nossas roupas; pois uma é tão obrigatória quanto a outra. As vias de comunicação determinam de maneira imperiosa o sentido em que se fazem as migrações interiores e as trocas, e mesmo até a intensidade de tais trocas e tais migrações, etc., etc."*. No entanto, entendendo que os fatos materiais não passariam de *"maneiras de agir consolidadas"*, deixa de considerá-los à parte e de lhes dar um estatuto mais claro: *"O tipo de habitação a nós imposto não é senão a maneira pela qual todo o mundo, em nosso redor, — e em parte as gerações anteriores, — se acostumaram a construir casas"* e *"as vias de comunicação não passam de leitos que a corrente regular das trocas e das migrações, caminhando sempre no mesmo sentido, cavou para si própria, etc."* (DURKHEIM, Émile. *As Regras do Método Sociológico*. Trad. de Maria Isaura Pereira de Queiroz. São Paulo: Companhia Editora Nacional, 1971, p.1-11)

Preservação da intimidade como condição de inteligibilidade de uma relação em que as diferenças são desprezadas

Haveria uma ordem e mesmo uma regra no casario de Atenas Clássica, mas insistimos na interrogação, apesar dessa ordem e regra, a variabilidade total das formas de suas habitações e a complexidade do traçado de suas ruas não fariam dele — mesmo em sua ordem e impondo-se como regra — algo que estaria fora de nosso controle e compreensão; talvez faltando, nestes termos, nos termos de nossa própria capacidade de compreensão, o respeito a uma norma: aquela que nossa própria razão ditaria em proveito de nosso entendimento. Não haveria lá, apesar da ordem de um certo modo de relacionamento, uma impossibilidade de controle racional, uma irracionalidade, uma insuficiência do nosso ponto de vista? Ao observar o desenho do casario de Atenas, somos mesmo tentados a dizê-lo irracional, pelo menos quando o comparamos com outros desenhos, como, por exemplo, aqueles com claros delineamentos geométricos, com ruas se cruzando em ângulo reto ou distribuindo-se de maneira radial a partir de um centro; casos em que as coisas podem parecer ser claras e facilmente apreensíveis.[26]

Quando se fala que algo é irracional podemos mesmo entender que se diz com isso tratar-se de algo que não é passível de ser tomado pela nossa razão: a nossa razão seria incapaz de

---

[26] *"La passage des Perses en 480 n'avait laissé que des ruines, mais les Athéniens, dans leur hâte à resconstruire leur ville, ont rebâti sur ces décombres et n'ont pas tiré parti de leurs malheurs pour créer un plan nouveau, si bien que les quartiers du Ve. Siècle conservent les traits de l'époque antérieure aux guerres médiques. (...) Reliés par les quelques grandes rues qui constituèrent toujours les articulations principales de l'agglomération athénienne, ils forment l'ossature du paysage urbain. L'antique Athènes illustre un type de ville archaïque qui se moule sur les lignes principales du site, mais sans composer avec lui et sans l'assimiler. Le tracé des rues est l'expression la plus nette de cette soumission; elles empruntent les passages*

apreendê-lo. Haveria no caso do casario de Atenas esse tipo de incapacidade nossa?[27]

O que nele se vê é um conjunto de coisas. Esse conjunto, a princípio, é dado por uma multiplicidade de espaços privados relacionados uns com os outros. Cada um dos espaços privados é bem discernível em relação aos outros. Cada um deles é bem demarcado pelo caráter do seu invólucro arquitetural. É bastante claro no casario de Atenas este seu caráter de uma multiplicidade agregada, de uma multiplicidade de casas agregadas ao modo da proximidade física.

Mas se é clara a distinção entre os diferentes domínios privados pelas bem definidas linhas demarcatórias que os separam, não podemos dizer que da mesma maneira sejam claros

---

naturels, les dépressions entre les collines (...) A l'intérieur des quartiers, elles se ressèrent et décrivent de multiples sinuosités sans que leur largeur reflète leur importance.(...) la rue principale suit les sinuosités de la pente, en une marche incertaine, comme si elle gardait le souvenir des premiers sentiers frayés par les piétons et les bêtes de somme; les maisons se pressent et se tassent sur chaque bord, sans aucun souci d'alignement, si bien que la largeur de la rue subit de continuelles variations, s'accroit quand une façade lui laisse de la place, mais dessine un étranglement quelques mètres plus loin, parce qu'un angle prononce une trope forte saillie; des ruelles adjacentes dévalent les pentes de collines, se glissant elles aussi entre les constructions qui les étouffent; quand la pente se fait trop raide, elles s'achèvent en escaliers.(...) Comme nous comprenons les jugements sévères des voyageurs du IIIe. siècle, qui, en d'autres régions du monde grec, pouvaient admirer les beaux alignements des plans modernes! Par ailleurs, ce n'est point l'architecture des maisons qui pouvait sauver le caractère esthétique de ces quartiers: des murs de brique, sur des soubassements de pierres, en gros moellons, souvent mal joints; des façades sévères, complètement fermées du côté de la rue; des plans simples et des décors presque inexistants" (MARTIN, Roland, op.cit., p.78). Na mesma passagem, Martin faz referência a condições de insalubridade, mas uma apreciação mais cuidadosa poderá talvez mostrar o contrário. Há que se verificar.

[27] Para o conceito de "razão": HEIDEGGER, Martin, *Logos: Heráclito, Fragmento 50* (*Conferências e Ensaios III*, 3-25), trad. de Ernildo Stein, in: *Os Pré-Socráticos: Fragmentos, doxografia e comentários*, seleção de textos e supervisão do Prof. José Cavalcante de Souza, São Paulo, Abril Cultural, 1978.

seus interiores; pelo contrário, eles se dão, ou se davam, como a mais completa obscuridade. Ainda que cada um dos desenhos internos das casas seja também bastante claro, essa sua clareza própria, como já lembramos, não existia quando essas casas eram habitadas e suas paredes vedavam a visão de seu interior. Nada se podia ver delas antes que as suas paredes tivessem sido postas a baixo pelos acidentes ao longo do tempo. Aquelas casas constituíam-se em espaços impenetráveis a olhares não autorizados. Faziam-se resistentes ao entendimento dos não familiares.

Na impossibilidade das casas, das partes constituintes daquele conjunto, serem conhecidas, simplesmente por isto, não estaria já definida a impossibilidade de se conhecer o todo? Como podemos conhecer algo se nada sabemos das partes de que se compõe, de nenhuma delas? Se cada uma e todas as partes de um conjunto estão dadas em condição de obscuridade, ele não estaria dotado necessariamente dessa mesma condição?

Mas a falta de clarificação e opacidade, não precisa, na verdade, constituir-se em incômodo algum no caso de uma associação humana. Em Atenas, incomodaria, sim, quem quisesse conhecer a intimidade da vida dos demais, mas não quem não o quisesse. E não querê-lo pode ser entendido, não como outra coisa, senão como simplesmente deixar a cada qual, a cada família, o cuidado de si mesma. Buscar penetrar na sua intimidade, pelo contrário, ainda que só pelo entendimento, seria considerado como uma intromissão. O entendimento da intimidade dos demais não precisa ser dado obrigatoriamente como necessário para o entendimento de uma cidade. Podemos entendê-la, e entendê-la completamente, sem o conhecimento da intimidade dos demais. Basta, para isto, considerá-la como sendo um conjunto de indivíduos ou famílias cada uma cuidando de si mesma, sem que ninguém mais possa intrometer-se nisso. Se entendermos a comunidade política como uma associação em que os negócios de cada um não dizem respeito a não ser a ele mesmo, não há porque, para entendê-la, precisar conhecer a intimidade de cada qual.

A associação política, nesses termos, não se baseia no conhecimento completo de todos por todos, mas pelo contrário, no respeito da intimidade dos demais. A regra da associação é propriamente esse respeito e assim, entendê-la é, antes de tudo, entender a necessidade desse respeito. Nestes termos, não se pode, e não se deve mesmo, conhecer o que só diz respeito aos outros: tentar fazê-lo revela o mais completo desentendimento do caráter básico da associação, negando-a em seu fundamento. Viver e deixar viver, respeitar nos outros o direito a serem senhores de sua própria vida: eis a regra. Sendo esta a regra, não precisamos e não devemos conhecer a intimidade dos demais.

Assim, não é pelo fato dos espaços privados de uma cidade não estarem dados ao entendimento geral que haveria qualquer dificuldade no seu entendimento de conjunto. A obscuridade que cada uma das casas de Atenas representava para o passante em nada diminuiria, pois, a capacidade que se pudesse ter de compreendê-la como um todo. Tentar em uma das casas penetrar, sim, significaria ter o entendimento turvado, dado o desrespeito à regra básica sobre a qual se baseava lá a sociabilidade.

Em Atenas eram, pois, bem definidos os limites dados ao entendimento geral. A própria materialidade das casas cuidava de bem definir os termos do conhecimento permitido conforme uma específica regra de associação. Mais definição do que aquela lá presente, com o claro fechamento de seus espaços privados, seria talvez impossível.

Retomemos. As casas lá se aproximavam para melhor se relacionarem. A relação era a finalidade de sua aproximação. Nela, no entanto, permaneciam as casas impermeáveis a olhares estranhos, mantinham-se opacas ao seu entendimento. Não se davam como coisas presentes senão a seus próprios moradores, e eventuais convidados. Porém, se as casas não se davam a conhecer em seu interior, uns e outros, todos os cidadãos davam-se a conhecer entre si. Só que, ao se fazerem mutuamente presentes, não deixavam de resguardar a intimidade de suas casas. Relacionavam-se, davam-se como presentes uns aos outros, mas não na totalidade daquilo que eram e tinham. Normalmente, seu relacionamento era exterior aos espaços privados de uns ou de outros. Normalmente se relacionavam fora de casa, ficando a de cada um resguardada em sua intimidade, guardando em seu interior as posses e os segredos de cada qual.

No plano de seu relacionamento imediato eram, assim, por um lado, iguais. Iguais porque cada um era tal como todos os outros: sempre diferente dos demais e sempre com o direito à sua diferença. Eram iguais porque todos se apresentavam igualmente com o caráter de serem próprios em sua diferença, em sua possibilidade e realidade de distinguir-se de todos os demais. Mas por outro lado, eram ao mesmo tempo diferentes, na medida em que a própria condição de igualdade entre eles dava a cada um o caráter de ser um elemento único, distinto dos demais. Em outros termos, podemos dizer que eram diferentes pelo conjunto de características próprias de cada qual, mas iguais na medida em que a todos e a cada um estava assegurada, igualmente, a possibilidade de ser diferente dos demais. Não precisavam justificar a diferença que escolhiam como sendo a sua. Cada um ao mostrar-se, e deixar-se assim estar frente a todos os demais, afirmava-se como tal.

Sendo assim, a maneira pela qual se organizava o conjunto de seus domínios particulares era dada de tal modo que: (1) uma casa mostrava-se diferente da outra, a aparência exterior de uma não era igual à aparência de outra; (2) ao se mostrarem como diferentes, não mostravam como eram diferentes ou como eram propriamente em si mesmas, cada uma mostrava de si só uma fachada pela qual se dizia necessariamente diferente de todas as demais, mas não mostrava a interioridade por detrás dessa fachada, não mostrava como era em si mesma diferente das demais; (3) esta se mostra como diferente, aquela também — o mesmo faziam todas as outras — e cada uma e todas, ao assim se mostrarem, mostravam-se como reconhecendo nas demais, em cada uma das outras, essa possibilidade ou esse direito.

Era uma regra do ordenamento de conjunto o reconhecimento da diferença. Portanto, conhecer bem tal conjunto era antes de tudo reconhecer esse direito, e assim, para entendê-lo — e completamente o entender — não se fazia necessário nenhum conhecimento específico do interior de qualquer uma das casas. Antes, se devia evitá-lo, isto para que a própria ordem do conjunto não fosse negada. Naquela ordem, pois, o que se tinha era um conjunto de elementos bem discerníveis, clara e distintamente discerníveis, assim como completamente conhecidos no que dizia respeito à totalidade dos aspectos que importavam para o específico conhecimento que era necessário à constituição e manutenção de uma bem definida regra de sociabilidade. Não se podendo e não se devendo intrometer na intimidade dos outros, toda dificuldade que poderia envolver tal esforço não estava em causa. O fato de não se ter um conhecimento claro e distinto, ou mesmo nenhum tipo de conhecimento da intimidade dos demais, não significava falta de clareza alguma ou de distinção alguma no conhecimento de um conjunto constituído por partes que, no que dizia respeito à sua participação numa comunidade urbana, deviam ser consideradas simplesmente como elementos uns distintos dos outros, podendo sê-lo como quisessem. A clareza no reconhecimento do respeito ao direito à determinação própria de cada um excluía a necessidade de qualquer outro conhecimento dos demais que não fosse seu reconhecimento como senhores exclusivos do conhecimento de si mesmos. Negava-se mesmo que se pudesse ter qualquer outro conhecimento pessoal além desse conhecimento de si, e desse reconhecimento dos outros, um e outros como senhores de si mesmos.[28]

Discernibilidade como condição de apreensibilidade da forma material da relação

Uma cidade como Atenas, seu casario, constitui-se assim em um conjunto de elementos clara e distintamente discerníveis, sendo claro e distinto também o modo de relacionamento entre eles. Esses elementos distintos, relacionam-se uns com os outros distintamente.

Em termos de sua contigüidade, é a diferenciação presente nas formas exteriores de uns e outros domínios que dá também distinção à forma específica da relação geral de todos com todos. No interior do conjunto, cada uma das relações é sempre bem distinta de todas as outras. Esta casa, com uma forma que é só sua, relaciona-se com uma outra que tem uma forma que também é só sua. A forma da relação destas duas casas, por sua vez, é diferente da forma da relação daquelas outras duas casas, ou mesmo, a desta casa com sua vizinha pela direita, diferente da forma de sua relação com sua vizinha pela esquerda. Cada forma de relação é única ou individualizada. Assim, cada uma das relações é perfeitamente bem discernível de todas as demais. O que temos, pois, são elementos bem discerníveis

---

[28] Analogamente, para o direito moderno, na relação com as coisas exteriores, o que haveria de propriamente racional, entende Hegel, seria o fato de que simplesmente se possuiria uma propriedade, sendo contingente, do ponto de vista jurídico, a natureza e a quantidade do que se possuísse. Seriam assim equivalentes as múltiplas unidades. Tudo que se referisse aos aspectos particulares da posse, *"nisso de o eu se apoderar de alguma coisa para a satisfação das suas exigências, dos seus desejos e do seu livre-arbítrio"*, pertenceria ao domínio da desigualdade, e ficaria à margem da pessoa abstrata (HEGEL. *Princípios da filosofia do direito,* parágrafos 44-49). Por sua vez, o conceito de direito, para Kant, teria por objeto só a relação externa de uma

relacionando-se de uma maneira em que também é bem discernível cada uma das relações que entre si estabelecem.

No entanto, sendo assim tão diferentes as coisas, nada sendo igual a nada, cada uma das casas diferente das outras, e cada uma das suas relações também diferente das outras, estando a diferença sempre presente, o conjunto dessas diferenças todas se apresenta como um agregado que, podemos dizer, é sempre diferente de si mesmo e, por isto, talvez com uma complexidade além das possibilidades de nosso entendimento, ainda que se considere que em si mesmo seja dotado de ordem e regra. Quando, como aqui, a regra para cada um é o direito à sua diferença, o conjunto parece não poder ser dotado da ordem necessária à viabilização de nosso entendimento. A simples visão da planta de Atenas parece dizê-lo. Difícil é apreendê-la na complexidade de seu desenho. Se o que procuramos é algo que satisfaça nosso entendimento parece que teríamos que nos voltar para outra cidade.

Mas seria mesmo assim? Como vimos, cada um dos elementos é bem discernível (desde que abandonemos o desejo de bisbilhotar seu interior). Também as suas relações são sempre bem claras e distintas. — Até aqui, onde estaria a dificuldade? Talvez já em não sermos capazes de apreender e memorizar as formas das casas todas em todas as suas diferenças. Porém, poder-se-ia contrapor, nisto, na verdade, nada haveria que uma observação um pouco mais demorada não pudesse resolver. Qual seria, por exemplo, a forma da fachada de uma casa que eu poderia estar observando agora? A partir de um ponto à minha

---

pessoa com outra. Não diria respeito aos desejos e necessidades particulares, aos fins que cada um perseguisse. Não seriam considerados os aspectos materiais do arbítrio de cada qual, isto é, *"o fim que cada indivíduo pode conceber para o objeto que ele quer"*. Só a forma da relação entre os arbítrios seria interrogada, enquanto eles seriam considerados simplesmente como livres. (KANT. *Metafísica dos costumes: Introdução à doutrina do direito*, parágrafo B)

esquerda ou à direita, ela seguiria reta numa determinada direção; depois de uma distância de dois passos ou três, sofreria uma inflexão que minha visão saberia determinar, pois sua angulação acompanharia talvez uma sombra, talvez uma outra linha qualquer, sendo mesmo comum que saibamos medir visualmente o grau de certas angulações; por fim, terminaria bem ali, junto daquela árvore, depois de cumprir uma distância de quatro ou cinco passos, ou mesmo, perceberíamos, tantos ou quantos metros. Assim, as coisas não seriam tão fáceis como em outras situações, mas observando aquela parede, talvez repetidamente, ao longo do tempo é claro, alguém sempre poderia ter a sua forma na memória; conseguir mesmo desenhá-la, até com certa facilidade, se nessa atenção se exercitasse. Seria, pois, sim, possível bem apreender aquela parede. Só que isto demandaria um tempo mais ou menos prolongado, e talvez, de fato, até relativamente longo. E assim como com aquela fachada, com todas as outras, e também com as linhas e superfícies de relacionamento de cada uma das casas com as demais.

E, observe-se, a não ser por esse dispêndio de tempo, não haveria, na verdade e propriamente, qualquer dificuldade maior de entendimento; isto porque, frise-se, em si mesmas, cada uma das casas e das suas relações são sempre muito bem definidas. Nenhuma das suas linhas ou superfícies peca pela obscuridade. A clareza não deixa de existir em momento ou lugar algum. Sempre as definições são bem dadas, clara e distintamente dadas. Apreender cada uma delas é, portanto, sempre possível. Problema nenhum haveria para o entendimento desta ou daquela linha fronteiriça, desta ou daquela fachada, senão o de uma certa disponibilidade para lá nos deixarmos estar. A clareza está dada no objeto: em si mesmo ele se apresenta bem definido. Basta que a ele nos dediquemos para que também a clareza se faça presente em nosso próprio entendimento.

A medida como outra condição de compreensibilidade

No entanto, ainda que empenhássemos nosso entendimento, certamente logo nos depararíamos com uma das limitações que parece ser das mais naturais e evidentes em todos nós: a dificuldade de poder deixar estar nossa atenção detida em tantos e diferentes elementos, de dedicá-la àquele desenho o tanto que nos solicita para que possamos entendê-lo. E por isto, por esta falta de disponibilidade nossa, mais uma vez ainda, talvez nos voltássemos contra ele que, pensaríamos, nunca chegaríamos a compreender; mesmo que concordássemos, por uma carência só nossa. Talvez se justificasse nosso descontentamento, ainda que errássemos, como vimos, se atribuíssemos nossa dificuldade à qualquer deficiência nas definições do próprio desenho e não a uma carência propriamente nossa.

Mas se nessa cidade, ou numa cidade desse mesmo tipo, tivéssemos nascido, ou nela nos detido, o seu desenho talvez se apresentasse de uma outra maneira. Quem numa cidade dessas tenha nascido, e nela tenha permanecido, pode chegar a conhecê-la, e conhecê-la de uma maneira bastante completa. Isto desde que, é preciso que se acrescente, as dimensões em consideração sejam aquelas dadas pelo desenho de Atenas.

Observe-se sua escala. Uma circunferência de cerca de 800m é suficiente para abarcar quase a sua totalidade. Poucos minutos seriam necessários para que o atravessássemos em qualquer direção. Nenhum ponto do traçado se distancia da Ágora em linha reta mais do que 1000m. Em cada um dos percursos que seguíssemos seria só um número relativamente pequeno de casas que teríamos para observar, e agrupadas em blocos bastante pequenos, fáceis de serem apreendidos. O número desses blocos não é muito grande, facilitando-se também a compreensão.

E observe-se que existe um limite bem claro para a cidade como um todo. Está dado um perfil para a cidade com traços claros. Podemos apreender a forma exterior geral da cidade tão bem como aquela de cada uma de suas casas. Verdade é que também aqui o desenho não é simples. Necessário é observá-lo detidamente para apreendê-lo e retê-lo na memória. Alguma capacitação faz-se necessária para desenhá-lo. Mas tudo isto em grau menor, não maior, do que a capacitação necessária para desenhar o perfil de uma simples folha, e ainda menor do que a necessária para desenhar um perfil humano, ambos exercícios primários em uma formação cultural que talvez possa ser dada como mediana.

E, ainda da mesma maneira que para cada uma das casas, se difícil é a compreensão para os estranhos, para eventuais visitantes, muito menos difícil ela é para os próprios habitantes, ou para quem nela se tenha deixado estar por algum tempo. O perfil do conjunto é, na verdade, em si mesmo, propriamente apreensível, porque seus traços são da mais absoluta clareza. É possível ver com a mais perfeita precisão a sua forma. Não há obscuridade alguma, imprecisão alguma: os traços são perfeitamente definidos.

A limitação, dando um claro perfil ao desenho, faz dele um conjunto constituído por um número finito de partes; e como cada uma delas é coisa também perfeitamente determinada, a limitação faz do casario um conjunto bem definido de um número finito de partes bem determinadas. Assim, ainda que seu entendimento não seja tão simples, ele é, em cada uma de suas partes e também em seu conjunto, coisa perfeitamente possível. Se infinita fosse sua extensão, nunca poderíamos abarcá-la com nosso entendimento. Se sua extensão fosse mais ampla do que pudéssemos abarcar com a visão e com nosso próprio caminhar, o mesmo aconteceria. Sendo como é, é abarcável já pelo nosso conhecimento sensível imediato;

e mais ainda, quando necessária a intervenção de nossa memória, ela não precisa associar mais do que um número bem determinado de imagens.

O casario de Atenas, na dimensão que tem e na forma em que está disposto, dá-se mesmo em sua totalidade, ou quase, a partir de alguns lugares. Podemos abarcá-lo todo da Acrópole. Do Areópago, a maior parte dele é também abarcável. Da Pnyx é, da mesma maneira, quase completamente visível. De altitudes próximas, porém já exteriores aos limites da cidade, as possibilidades se repetem. O circular por ele, diferentemente, não nos oferece nenhuma visão de conjunto, sucedendo-se imagens sempre particulares. Mas não é também que nos ofereça um número infinito, nem sequer muito grande de imagens. Mesmo que inúmeras, seu número é finito. Talvez pudéssemos em um único dia vê-las todas. E podemos a partir das imagens parciais que os vários percursos nos oferecem compor uma imagem de conjunto, ainda que sem a mesma facilidade dada a partir dos pontos mais elevados. No caso, o todo não nos é dado por nossa apreensão sensível imediata, exigindo um certo esforço de nosso entendimento e imaginação para juntar aquilo que sensivelmente é dado separadamente. Se o conjunto, assim, só se forma pela intervenção da memória e do entendimento, ele se enriquece por um conhecimento de mais perto dos diferentes elementos que o compõem, sendo seu conhecimento perfeitamente factível, desde que nos dediquemos por um certo tempo, e o simples viver e deixar-se estar por lá se encarregaria disso.[29]

---

[29] *"... o belo — ser vivente ou o que quer que se componha de partes — não só deve ter essas partes ordenadas, mas também uma grandeza que não seja qualquer. Porque o belo consiste na grandeza e na ordem, e portanto, um organismo vivente pequeníssimo não poderia ser belo (pois a visão é confusa quando se olha por tempo quase imperceptível); e também não seria belo, grandíssimo (porque faltaria a visão do conjunto, escapando à vista dos*

Compreensibilidade do conjunto, por parte de quem?

Isto talvez já baste para que tenhamos de concordar que o desenho do casario de Atenas é perfeitamente compreensível — por ser como é, por sua própria natureza; isto porque: (1) cada um e todos os seus elementos são bem discerníveis; (2) cada uma e todas as relações entre os seus elementos, como eles próprios, são também bem discerníveis; e por fim, (3) também o seu conjunto, nas dimensões que tem e sendo claramente delimitado, é ainda bem discernível.

É verdade que tal compreensibilidade, não sendo sempre imediata, não é dada a todos incondicionalmente. Há para ela uma condição, aquela da aplicação da atenção. A isto estavam dedicados naturalmente seus próprios habitantes. A mesma atenção podia ser aplicada por quem por lá pudesse permanecer um certo tanto. Havia pois, para a compreensibilidade daquele desenho, uma condição de permanência. Tal condição era dada naturalmente aos cidadãos e além deles, a seus hóspedes. Seria preciso mesmo um certo demorar-se; para isso, a condição de cidadania ou o consentimento de quem a tivesse; consentimento a ser conquistado, certamente, no respeito ao modo de ser e comportar-se naquela cidade. A compreensibilidade daquele desenho não era, portanto, uma mera questão de alguém, por si mesmo, poder ou não poder conhecer algo, mas também uma questão de conquista de uma condição social ou direito.

Havia uma condição social que se somava àquelas fisiológicas e intelectuais. Uma sociedade, ao definir os modos

---

espectadores a unidade e a totalidade ..." (ARISTÓTELES. *Poética* 1450b. Trad. de Eudoro de Sousa. Lisboa: Imprensa Nacional/Casa da Moeda/F.C.S.H. da Universidade Nova de Lisboa, 1986); e dessa maneira *"...deve-se ... considerar mais perfeita e mais bela a cidade na qual a magnitude é combinada com a boa ordem"* (Idem, *Política* 1326b. Trad. de Mário da Gama Kury. Brasília: Editora Universidade de Brasília, 1985).

materiais de sua existência, determinava o âmbito daqueles a quem ela se dava a conhecer, assim como seu reverso, aquele daqueles a quem ela se fazia incompreensível. Fazia com que fosse necessária uma permissão para que se deixasse conhecer. Cuidava de si ao definir um modo de ser de completa compreensibilidade para aqueles que nela compartilhavam de seu modo de sociabilidade no entendimento de suas regras, dificultando o conhecimento aos estranhos, àqueles que desse convívio e entendimento não participavam. Não só os bastiões de pedra defendiam aquelas ruas e casas; o modo pelo qual se comportavam as ruas e a maneira pela qual se dispunham as casas impunham, a seu modo, termo à penetração e à apropriação dos estranhos. Assim, reclamar da incompreensibilidade do casario de Atenas no século V a.C. parece mais o possível reclamo de alguém a ela estranho, do que o resultado de uma incompreensibilidade que se pudesse atribuir à natureza do seu próprio desenho.[30]

---

[30] Apesar do desgosto de Descartes, o desenho que estudamos parece poder ser considerado até mesmo "geométrico", no sentido de ser um conjunto de elementos clara e distintamente definidos, arranjados de maneira também clara e distinta, sendo o resultado de conjunto, ainda da mesma maneira, também distinto e claro; isto para um conjunto determinado de pessoas definido com a mesma clareza e distinção.

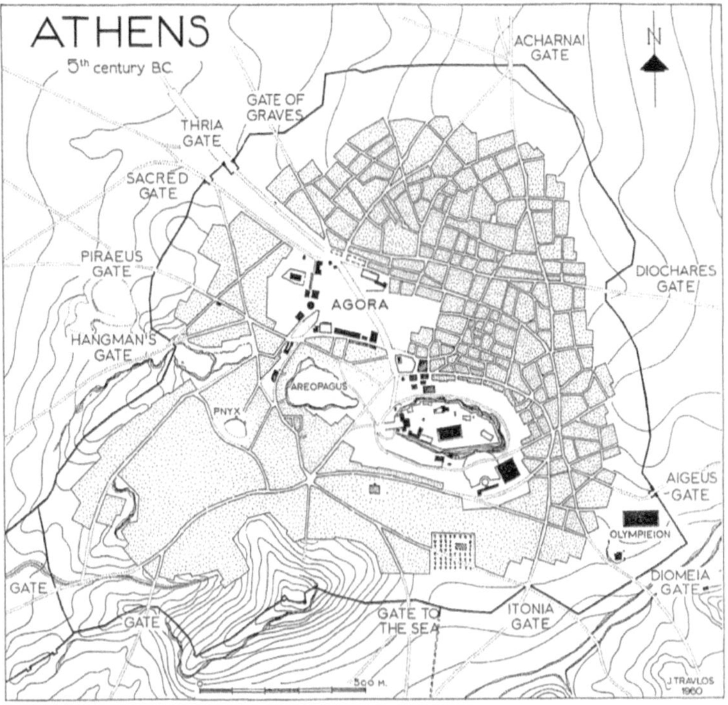

Atenas no final do século V a.C.
(Η ΕΝ ΑΘΗΝΑΙΣ ΑΡΞΑΙΟΛΟΓΙΚΕ ΕΤΑΙΡΕΙΑ — ΑΡ. ΤΡ. 1606)

John Travlos elaborou esta planta em 1960, com a ousadia só justificada em conhecedores de fato dos assuntos de que tratam, tal como foi ele em relação a Atenas. Desde então ninguém mais apresentou uma planta de conjunto da cidade antiga. O caráter geral do traçado não pode ser questionado, havendo, no entanto, que se observar: (1) antes de tudo, a natureza conjectural do desenho nas áreas pontilhadas que representam o casario; (2) as regiões sudoeste e sul são apresentadas com uma trama de malha muito larga, o que parece ser uma conjectura improvável em face a todos os setores escavados; (3) o desenho das áreas públicas corresponde a suas configurações específicas do final do século V a.C., não havendo que se confundir com a situação no transcorrer desse mesmo século, marcado pela transformação.

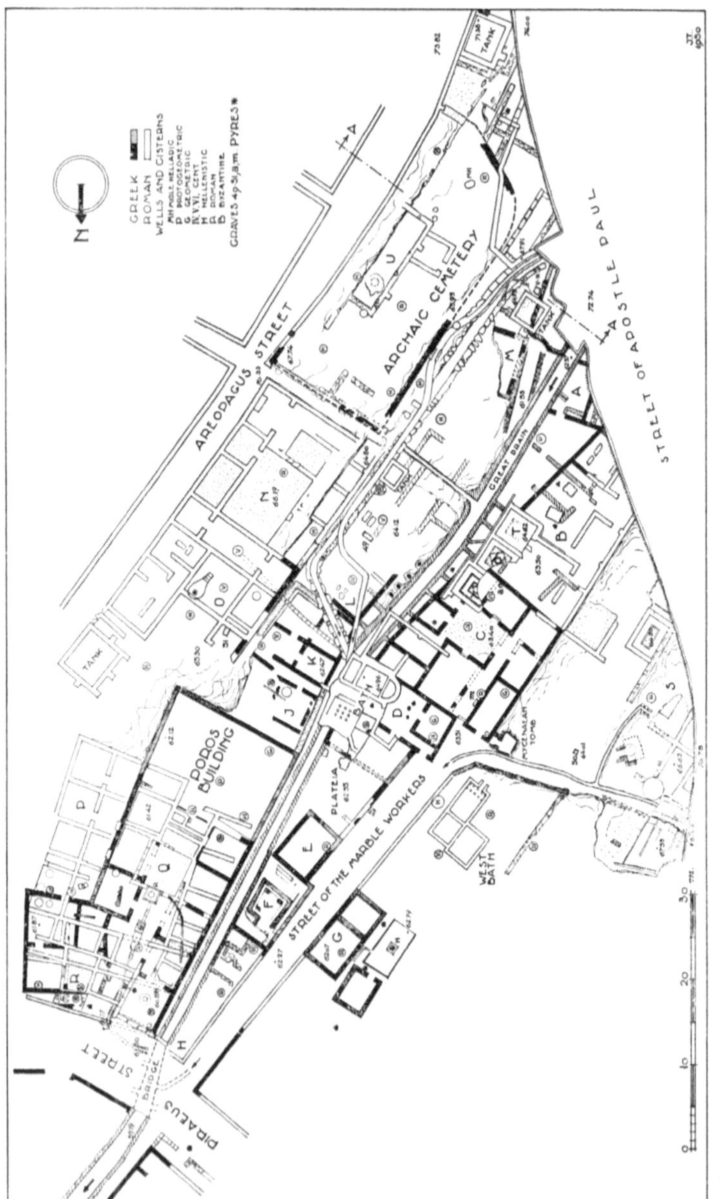

Área a oeste do Areópago (Young, Rodney S. An Industrial District of Ancient Athens, *Hesperia* 20, 1951, p. 136)

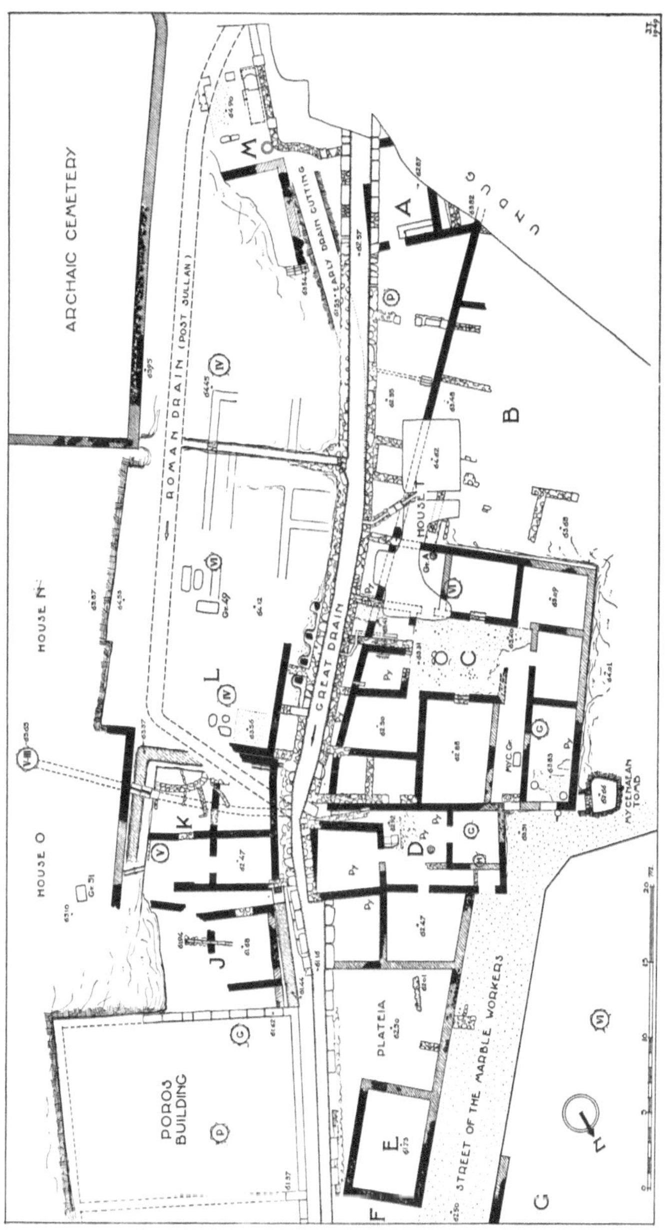

Casas a oeste do Areópago (Young, Rodney S. An Industrial District of Ancient Athens, *Hesperia* 20, 1951, p. 189)

Índice